Songtexte schreiben

Masen Abou-Dakn
wurde 1963 in Damaskus geboren und ist in Berlin aufgewachsen. Studium der Gesellschafts- und Wirtschaftskommunikation, Hochschule der Künste, Berlin; Kontaktstudium Popularmusik, Hochschule für Musik und Theater, Hamburg.
Er arbeitet als Sänger und Songwriter, Gitarrist, Dialogautor und Synchronregisseur. Seit 2004 entwickelt er Drehbücher und Serienkonzepte. Außerdem unterrichtet er Songtexten und Kreatives Schreiben in Kursen und Workshops und arbeitet als Text-Coach.
2001 erschien seine CD »Ich gucke nur, wenn du nicht guckst und hoffe, dass du's siehst«, für deren Songs er 2002 den Publikumspreis beim Bundesdeutschen Chansonpreis Zarah sowie 2003 den Förderpreis der SWR-Liederbestenliste erhielt.
www.masen.de, workshop@masen.de

MASEN ABOU-DAKN

Songtexte schreiben

Handwerk und Dramaturgie

Autorenhaus

Bibliografische Information der Deutschen Bibliothek
Die Deutsche Bibliothek verzeichnet diese Publikation in der Deutschen Nationalbibliografie; detaillierte bibliografische Daten sind im Internet unter http://www.dnb.ddb.de abrufbar.

QUELLEN

Über Björk, NZZ am Sonntag, »T-Shirts sind wie Coca-Cola«, 17.4.2005, S.69
»Mensch, Grönemeyer ist wieder da.«
Interview Herbert Grönemeyers mit WDR.de vom 28.2.2002
Über Kettcar, Frankfurter Allgemeine Sonntagszeitung, »Wovon wir reden, wenn wir von Liebe singen«, 27.2.2005, S.33
Moses Pelham im Interview mit Nightshoot. Veröffentlicht in Pelhams Internettagebuch. (www.mosespelham.de)
Christiane Rösinger (Band Britta)
Gedächtnisprotokoll einer Podiumsdiskussion zum Thema Popsongs, Literaturwerkstatt Berlin, 22.2.2005
Tocotronics im Interview, www.fm5.at
Tocotronics – Die Welt ist im Prinzip langweilig.
Frankfurter Allgemeine Zeitung, 15.1.2005, Nr. 12, S.38

Umschlagbild: Amanda Rohde, istock
Umschlaggestaltung: Sigrun Bönold

ISBN: 978-3-86671-000-9
Originalausgabe

Umwelthinweis: Dieses Buch wurde auf chlor- und säurefreiem Papier gedruckt.
Druck und Bindung: Westermann Druck Zwickau
Satz: Type & Buch Kusel, Hamburg
Printed in Germany

INHALTSVERZEICHNIS

1

EINFÜHRUNG

Sie sind Sänger? Sie schreiben Liedtexte? Sie komponieren Songs? Sie müssen Songtexte beruflich beurteilen? Oder Sie haben einfach ein besonderes Interesse an Musik und Texten?

Dieses Buch möchte jeden, der sich für Songs und ihre Entstehung interessiert, in die handwerklichen Grundlagen des Songtextens und das dramaturgische Wissen darum einführen. Dabei geht es um das Schreiben und Beurteilen von deutschsprachigen Popsongs und darum, welche inhaltlichen, sprachlichen und formalen Möglichkeiten wir als Songtexter kreativ nutzen können. Ich glaube, dass man gute und persönliche Texte nur verfassen kann, wenn man die sprachlichen Zwischentöne, kulturellen Hintergründe, Anspielungen und Mehrdeutigkeiten kennt und beherrscht. Das ist die Voraussetzung, um als Texter arbeiten zu können. Wenn Sie nicht nur in Deutsch, sondern auch in anderen Sprachen schreiben, werden Sie feststellen, dass sich die grundlegenden Erkenntnisse dieses Buches problemlos auf andere Sprachen übertragen lassen.

Wenn wir einen Song hören, können wir den Text nur schwer von der Musik trennen. Unsere Wahrnehmung wird durch die Melodie, die Art des Gesanges und die Stimme beeinflusst. Auch der Sound und der Groove des Playbacks – also die gesamte Instrumentierung und der Rhythmus – spielen eine wichtige Rolle. Vielen Menschen macht es vermutlich mehr Spaß, ein gesungenes Lied zu hören, als beispielsweise in einem Gedichtband zu lesen oder eine Lesung zu besuchen. Das Medium Musik ermöglicht es Songpoeten im Vergleich zu Wort-Dichtern ein größeres Publikum zu erreichen.

In einem gelungenen Lied sind Text und Musik eine Einheit. Aber man sollte Songtexte auch unabhängig von der Vertonung betrachten. Manchmal lesen wir Texte mit oder lesen sie später nach. Vielleicht achten wir irgendwann mehr auf den Text als auf das gesamte Werk. Der Text bestimmt die Melodieführung, die Stimmung und damit auch den Sound des Songs (im günstigen Fall). Zumindest beeinflusst er beides. Manchmal entsteht der Text lange bevor die erste Note des Arrangements steht und inspiriert so den Komponisten.

Musik und Liedtext vermitteln einen Gesamteindruck; empfindet man ihn als angenehm, hört man den Song gerne zu Ende oder möchte ihn sogar mehr als einmal hören, vielleicht klopft man sogar den Takt mit, summt die Melodie oder möchte dazu tanzen.

Der Text (sofern wir ihn verstehen) spielt dabei natürlich auch eine Rolle, indem er Empfindungen mit Aussagen verknüpft. Wir überprüfen anhand des Textes die »Berechtigung« der ausgelösten Emotionen. Der Sänger stellt sich nicht nur als Musiker, sondern als Person dar. Der Text kann also aus einem »schönen« Lied ein »gelungenes«, ein »wichtiges« machen – durch sein Thema, seine Aussage und seine Sprache.

Das Lied erhält durch den Text intellektuelle und emotionale Substanz, die das Image des Sängers prägen kann.

Woran liegt es, ob uns ein Song gefällt oder nicht? Am persönlichen Geschmack oder gibt es noch andere Kriterien? Im Gegensatz zu anderen Medien, gibt es in der Popmusik bisher die beratende Institution eines Dramaturgen oder Lektors so gut wie nicht. In der Praxis lesen und hören die Verantwortlichen des Labels oder der Produzent die Songtexte und entscheiden oft spontan, ob etwas ihrer Meinung und Erfahrung nach gut ist oder nicht. Erfahrene Autoren wissen deshalb die Meinung eines Außenstehenden zu schätzen, bevor sie ihre Songs anbieten.

Es gibt Songs, bei denen offensichtlich nicht der Text für die rasche Popularität verantwortlich sein kann, sondern vielleicht die Person des Künstlers, eine überragende Melodie oder die interessante Produktion. Für den nachhaltigen Erfolg eines Songs und vor allem der langfristigen Karriere eines deutschsprachigen Sängers sind jedoch überzeugende Texte Voraussetzung.

Beim Hören und Analysieren von Songtexten gibt es ganz unterschiedliche Kriterien, die unabhängig vom persönlichen Geschmack sind:

- *Was berührt uns am Text?*
- *Erzählt das Lied eine glaubwürdige Geschichte?*
- *Beschreibt der Song eine emotionale Stimmung?*
- *Löst der Text Assoziationen aus, die mit dem Inhalt und dem Image des Sängers übereinstimmen?*
- *Ist der Inhalt dramaturgisch gut strukturiert?*
- *Lässt der Text im Kopf eine neue, bildreiche eigene Song-Welt entstehen?*
- *Passen Sprache, Inhalt, Bilder und Stimmung des Textes zueinander?*
- *Kann der Text die Hörer persönlich ansprechen?*
- *Kann sich der Hörer an Inhalt und Aussage des Liedes erinnern?*
- *Hat der Text etwas, das man mehr als einmal hören möchte?*

Diese Fragen gelten sowohl für den ganzen Liedtext wie für eine Strophe, den Chorus oder eine einzelne Zeile.

Ich habe als Textbeispiele bekannte, erfolgreiche Lieder, aber auch eher unbekannte ausgewählt. Sie finden aktuelle Songs und zeitlose Klassiker darunter. Lieder, die generationsübergreifend seit Jahrzehnten ihre Popularität erhalten haben und andere, die ihre dauerhafte Beliebtheit erst noch beweisen müssen. Es gibt unzählige wunderbare deutschsprachige Songs, ich habe eine kleine Auswahl aufgenommen, die mir für die Thematik geeignet erscheint.

Einige Texte sind komplett abgedruckt, bei anderen nur die betreffenden Ausschnitte. Um die Texte nicht immer wieder aufführen zu müssen, finden Sie zum Teil nur entsprechende Verweise auf den Titel, die Seitenzahlen stehen im Anhang. Bitte lesen Sie den Text dann noch einmal durch und achten Sie dabei auf den neuen Aspekt, um den es gerade geht. Zum Nachhören oder -lesen (vor allem bei den Texten, die nur auszugsweise aufgeführt sind) stehen in der Songliste die Angaben zu den Interpreten und CDs, auf denen die Songs veröffentlicht wurden. Falls Sie die CDs nicht zufällig in Ihrer Sammlung haben oder sich kaufen wollen, können Sie fast alle Texte inzwischen auch anderweitig entdecken. Ich empfehle, sich die Songs möglichst anzuhören, da Sie so ein besseres Gespür für die Wirkung der Texte bekommen.

Ich werde Ihnen Übungen vorschlagen, mit denen Sie Ihre kreativen, handwerklichen und analytischen Fähigkeiten erkennen und verbessern können. Auch wenn Sie gerade einmal keine Lust haben, sich mit den Übungen zu beschäftigen, denken Sie bitte zumindest einen Augenblick über die Aufgaben nach. Wenn Ihnen später bei der Arbeit an einem Songtext etwas nicht ganz gelungen erscheint, erinnern Sie sich vielleicht daran.

Unser Können als Songtexter wächst durch Aufmerksamkeit und Erfahrung (auch passive).

Hier noch einige Angebote, die ich Ihnen in Bezug auf die Arbeit mit diesem Buch im Sinne eines Workshops ans Herz legen möchte:

- *Werden Sie sich Ihrer eigenen besonderen Fähigkeiten bewusst.*
- *Akzeptieren Sie, was Sie von sich kennen, und seien Sie neugierig darauf, wie Sie Ihre Fähigkeiten erweitern und neue hinzugewinnen können.*
- *Trauen Sie sich, alles auszuprobieren, und lernen Sie durch Fehler.*
- *Glauben Sie nicht, dass Sie alles wissen müssen oder dass Ihnen alles »von selbst« einfallen muss. Lassen Sie sich inspirieren und freuen Sie sich am gelungenen Ergebnis.*
- *Nutzen Sie dabei Hilfsmittel wie Duden, Thesaurus, Reimlexikon und andere.*

Noch eine Anmerkung: Ich verwende meistens die männliche Form »Sänger«, »Texter«, »Hörer«, weil sich das Buch durch den Verzicht auf die eigentlich korrekte Doppelnennung (wie Sänger/Sängerin) einfacher liest.

Ich wünsche Ihnen beim Songschreiben viel Kreativität und Vergnügen und natürlich: persönlichen Erfolg.

Masen Abou-Dakn

2

SONGS IN DEUTSCHER SPRACHE

Die deutsche Sprache galt in der Popmusik in Deutschland durch den immensen englischsprachigen Einfluss beinahe schon als exotisch. Deutsche Songs wurden von den Programmmachern in Radio und Fernsehen nur bedingt für sendetauglich gehalten, weshalb das Angebot auf einige wenige etablierte Künstler beschränkt war. Bis auf diese Ausnahmen galten nur die Sparten Schlager und Volksmusik als langfristig stabiler Markt, in dem deutsche Texte eine »Existenzberechtigung« hatten. Wurden deutsche Songs anderer Art populär, war das so außergewöhnlich, dass man für sie neue Genres kreierte (wie »Deutschrock« oder »Neue Deutsche Welle«). Oft erhielten sie dadurch ein negatives Image, oder sie waren schon bald als Modeerscheinung verbraucht.

In den letzten Jahren hat sich die Situation erfreulich gewandelt: Durch erfolgreiche Einzelkünstler und Bands wie Xavier Naidoo oder »Wir sind Helden« werden deutsche Songtexte inzwischen weithin akzeptiert. Dies betrifft ganz unterschiedliche musikalische Stilrichtungen, so dass es diesmal nicht zu griffigen, verallgemeinernden Trend-Definitionen kam.

Ohnehin ist es heutzutage schwierig, alle Genres genau abzugrenzen – zumindest wenn man die Musik außer acht lässt. Texte, die durch ihre inhaltliche und emotionale Einfachheit früher eindeutig als Schlager eingestuft worden wären, können heute bei entsprechender Produktion durchaus als Pop im weitesten Sinne (also »populäre Unterhaltungsmusik«) gelten. Auch die Unterschiede zwischen Pop und Rock verwischen zusehends, da inzwischen auch viele »harte« Rocksongs als allgemein populär gelten können und im Formatmix der Radiosender gespielt werden.

Schlager und Volksmusik unterscheiden sich von Pop-/Rock-Songs oder Chansons durch ihre oft eher weniger anspruchsvollen Texte, durch die Verwendung von Klischees und einfachere musikalische Ausarbeitungen. Auch die Themen spielen eine Rolle. So handeln Lieder in der Volksmusik immer wieder von der Natur, Heimatgefühlen und der Geborgenheit des Ländlichen; Schlager behandeln meist die (große) Liebe; in beiden ist häufig von Sehnsüchten und dem Wunsch nach Harmonie und Glück die Rede, wobei Emotionen eher behauptet als hinterfragt oder realistisch dargestellt werden.

In diesem Buch geht es darum, wie Sie interessante Songtexte schreiben, die Ihren Hörern sowohl einen kurzen, oberflächlichen Genuss als auch eine tiefgründigere Beschäftigung ermöglichen. Anwenden können Sie die Erkenntnisse für alle Genres – unabhängig davon, ob Sie sich zum Beispiel eher für Pop, Rock, Schlager, Chansons, Liedermacherei oder Punk interessieren. Ihr persönlicher Geschmack wird sich bei der Arbeit an Ihren Songtexten in der Wahl der Themen, der Inhalte und der sprachlichen Stilistik ohnehin durchsetzen.

Deutsche Songs verschiedener Richtungen werden inzwischen ganz selbstverständlich produziert und konsumiert. Populäre Musik ist nicht mehr mit Songs mit englischen Texten gleichzusetzen. Viele Hörer möchten die gesungenen Inhalte gerne verstehen – und damit einen tieferen Einblick in die Persönlichkeit der Interpreten erhalten. Für Sänger, Songschreiber und Texter ergeben sich daraus neue Herausforderungen und Möglichkeiten.

Wer Popsongs schreibt

Interpretierende Sänger

Wenn Sie einen Songtext geschrieben haben, von dem Sie glauben, dass er zu einem bestimmten Sänger passt, sollten Sie bedenken, dass der Sänger für das Publikum den Song als Ganzes verkörpert, auch wenn Melodie, Text, Arrangement nicht von ihm stammen. Der Sänger steht mit seinem Lied im Rampenlicht. Der Inhalt des Songs schildert Gedanken und Emotionen. Die getroffenen Aussagen und die Bedeutungen, die zwischen den Zeilen liegen, werden mit ihm identifiziert. Aus der Sicht der Hörer gilt: Das Lied »ist« der Sänger.

Das Publikum soll emotional überzeugt werden, die Entscheider in der Musikbranche analysieren das Gehörte und prüfen: Kommt der Text an, »funktioniert« er, passt er zur Musik und zum Sänger? Was sagt der Sänger mit dem Lied über sich, sein Weltbild, das Thema und vielleicht über Lebensbereiche, die die Hörer betreffen?

Für Sänger muss deshalb die Auswahl der Songtexte ebenso wichtig sein wie die des jeweils passenden Sounds. Der Interpret muss die Stärken und Schwächen eines Textes erkennen, um dem Autor entsprechende Änderungen vorschlagen zu können.

Schreibende Sänger

Schreiben Sie Ihre Liedtexte selbst, werden Sie sich von Anfang an, noch vor dem Niederschreiben, mit dem Song beschäftigen und sich mit ihm identifizieren. Der Nachteil: Wie wollen Sie einen Text, den Sie selbst geschrieben haben, kritisch beurteilen? Es fehlt der emotionale und intellektuelle Abstand, um sich vorstellen zu können, wie der Song auf andere wirkt, die ihn zum ersten Mal hören oder den Text lesen.

- *Ein Songtext ist auch ein professionelles Produkt, das man ebenso analysieren und verbessern kann, wie einen anderen künstlerischen Text.*
- *Andere interpretieren Ihre Worte anders als Sie selbst – das können wertvolle Hinweise sein.*
- *Die gewünschte Wirkung auf die Zuhörer kann man nicht erzwingen oder einfordern.*

Falls Sie aber zu den Sängern gehören, die bisher keine eigenen Texte geschrieben haben, weil Ihre kühnen Anfänge bisher immer im Papierkorb gelandet sind, bedenken Sie, dass es kein intensiveres Gefühl für einen Sänger gibt als das Vortragen der eigenen Gedanken und

Gefühle. Ein Sänger wird zum eigenen Text immer ein authentischeres Verhältnis haben als zu fremden Texten. Er offenbart sich und erwartet gespannt die Resonanz.

Es gibt sehr erfolgreiche Interpreten, die das Texten ganz oder überwiegend anderen überlassen, wie Udo Jürgens oder Peter Maffay, und die das Publikum mit ihren Songs identifiziert. Aber ebenso viele der langfristig erfolgreichen Sänger sind beides: Sänger und Songwriter. Manche dieser Doppeltalente vermitteln dem Publikum ihre künstlerische Einheit: »Dies ist mein Lied, mit meinen Aussagen und meinen Gefühlen.« Denken Sie dabei an Künstler wie Herbert Grönemeyer, Westernhagen, Xavier Naidoo, Reinhard Mey oder Judith Holofernes von »Wir sind Helden«.

Wenn Sie sich als Sänger ein engeres Verhältnis zu Ihrem Publikum wünschen, dann versuchen Sie es mit eigenen Liedtexten. Überwinden Sie Ihre Angst vor eventuell zunächst unbefriedigenden Ergebnissen.

Songtexter

Songschreiber arbeiten meistens allein und selbstständig, viele nebenberuflich, wie andere Schriftsteller auch. Für Songtexter gibt es jedoch nur wenige gute Aus- oder Weiterbildungsangebote. Eine unterstützende professionelle Begleitung, der produktive Austausch oder die gezielte kreative Förderung sind in der Musikbranche nicht üblich. Aber wie bei der Ausbildung der Stimme oder dem Erlernen eines Instruments dürfen auch Songtexte nicht allein dem Zufall einer plötzlichen Eingebung überlassen bleiben. Voraussetzung für den Erfolg sind Kenntnis und Einsatz der handwerklichen und kreativen Instrumente:

- *Lernen Sie Ihre eigenen Fähigkeiten, Talente und Ansprüche besser kennen.*
- *Verbessern Sie Ihre kreativen und handwerklichen Mittel.*
- *Schreiben Sie Songtexte, die Aussagen enthalten und die der Persönlichkeit des Interpreten entsprechen.*

- *Finden Sie allgemein gültige Aussagen, die einen Sänger interessieren könnten.*
- *Lernen Sie, mit der Kritik an Ihren Texten umzugehen und sie für sich zu nutzen.*

Komponisten

Wer fremde Texte vertont, weiß, dass es gelegentlich zu Unstimmigkeiten mit Songtextern kommen kann. Im Musiktheater gilt eine Missstimmung zwischen Librettisten und Vertonern sogar als fast so unvermeidlich wie das Dauergeplänkel in einer Band zwischen dem Sänger und dem Leadgitarristen. Ich glaube aber, dass sich solche Reibereien mehr aus dem mangelnden Wissen über die Besonderheiten der jeweiligen Aufgabengebiete, als aus gegenseitiger Abneigung ergeben. Als Texter habe ich die Erfahrung gemacht, dass Komponisten oft einen völlig anderen Blick auf Worte und Inhalte haben. Die Melodielinien oder die Arrangements sind ihnen zunächst wichtiger – das ist ihr Job.

Und als Komponist habe ich erlebt, dass Texter ihre Inhalte teilweise nicht transparent genug darlegen. Oder dass die von ihnen für wichtig gehaltenen Spannungsbögen und inhaltlichen Bedeutungen nicht deutlich genug zu erkennen sind. Um Streitereien aus dem Weg zu gehen, texten manche Komponisten dann einfach selbst, was leider nicht immer zu besten Ergebnissen führt.

Durch die Beschäftigung mit den Hintergründen des Songtextens könnten Komponisten Folgendes erreichen:

- *Sie werden ein besseres Verständnis für Texte und für die Arbeits- und Denkweise von Textern entwickeln.*
- *Sie werden sich mit Textern gezielt austauschen und produktivere Feedbacks geben können.*
- *Ihre eigenen Texte werden sich verbessern.*

Aus der Sicht der Hörer

Szene eins: Im Radio läuft ein Lied, das Sie nicht kennen. Es gefällt Ihnen nicht. Die Musik, die Stimme des Sängers, die Formulierungen, die er benutzt, die Aussage – einfach alles furchtbar.

Szene zwei: Sie hören ein anderes Lied und denken: »Das ist schön.« Wenn Sie es das nächste Mal hören, achten Sie vielleicht schon auf Details der Instrumentierung, auf spezielle Nuancen des Gesangs. Dieser Song »hat etwas«. Sie möchten ihn bald wieder hören. Natürlich spielt hierbei die Musik – als atmosphärisches, emotionales Medium – eine bedeutende Rolle. Aber oft ist der Text ebenso interessant wie die Melodie.

Manchmal kommt es aber auch zu einer langsamen Annäherung, nachdem der Text verstanden worden ist. Wir hören eine Zeile, finden sie ansprechend, schön und poetisch und sind plötzlich begeistert. Auch zunächst ungewöhnliche Wortschöpfungen, Metaphern oder Aussagen lernen wir durch mehrmaliges Hören besser kennen. So kann ein Trend entstehen, Modewörter und ein neuer Geschmack.

Wenn wir einen Sänger nicht kennen, stellt er sich uns durch sein Lied vor. Wir fragen uns:

- *Was ist er für ein Typ?*
- *Denkt und fühlt er ähnlich wie ich?*
- *Mag ich ihn?*
- *Will ich mehr von ihm wissen und hören?*

Wir finden einen Liedtext »großartig«, »peinlich«, »grottenschlecht«, »schön traurig« oder »kitschig«. Ein Text öffnet unser Herz, bringt uns in eine traumhafte Stimmung, verführt uns, selbst einige lyrische Zeilen aufs Papier zu schmelzen, ein anderer erinnert uns daran, dass es Zeit ist, den Müll runterzubringen.

3

DER SONG ALS FILM FÜRS OHR

Ähnlich wie beim Betrachten eines Films entstehen schon beim ersten Hören eines Songs Bilder und lyrische, emotionale Assoziationen. Unsere Wahrnehmungen und Eindrücke werden im Laufe des Liedes aneinandergereiht und addiert, so dass ein immer vollständigeres Bild des kompletten Lied-Inhaltes entsteht.

Zu Beginn der achtziger Jahre wurden Musikvideos, also die zusätzliche Visualisierung des Liedes, das wichtigste Marketinginstrument der Musikindustrie. Man nahm den Fans damit die »Arbeit« der eigenen Imagination ab und erhöhte gleichzeitig die emotionale Bindung an den Song und den Interpreten, selbst wenn die im Video dargestellten Szenen nicht mit dem Inhalt des Songs übereinstimmten.

Das Hören eines Songs kann also mit dem Betrachten eines Films verglichen werden – eine nützliche Analogie bei der Analyse der Textqualitäten. Dabei geht es um ein Modell, Texte möglichst objektiv einzuschätzen. Auch ein nicht visuell erzählender (zum Beispiel ein abstrakter oder lyrischer) Text kann als »Songfilm« interpretiert werden, selbst wenn er eher Gefühle und Stimmungen ausdrückt als eine konkret nacherzählbare Handlung. Bei der Beurteilung sollten wir nicht unserem persönlichen Geschmack folgen, sondern Sprache, Inhalt und emotionale Wirkung des Textes analysieren.

Ein Vorteil des Filmvergleiches ist auch, dass wir alle uns mit dem Medium Film in Kino und Fernsehen auskennen, so dass wir unsere eigenen Erfahrungen und unser intuitives dramaturgisches Wissen darum gut auf Liedtexte übertragen können.

Gute Texte – schlechte Texte?

Versuchen Sie bei der Trennung von Geschmack und Substanz sehr genau zu sein. Ein Beispiel: Lieder aus der so genannten Volksmusik empfinde ich persönlich oft als kitschig, oberflächlich und verlogen. Aber: Manche Texte aus diesem Genre sind trotzdem gut geschrieben, erzählen gut strukturierte Geschichten und erzeugen einprägsame Bilder.

Selbst wenn es uns gelänge, unsere eigene Vorstellung von »angenehmer Unterhaltung« und »intelligenter Poesie« auszuklammern, sollten wir in der Lage sein, *fachlich* und *substanziell* zu begründen, warum ein Text »nicht gelungen« ist.

Hier gleich drei Regeln, mit denen ich bei meiner Arbeit als Textcoach und Co-Autor auch in heißen Diskussionen gute Erfahrungen gemacht habe:

- *Ein Text oder eine Zeile sind niemals per se falsch, lächerlich oder langweilig.*
- *Es gibt kein objektives »gut« oder »schlecht«; es gibt nur ein »so« oder »anders«.*
- *Texte, Zeilen, Wörter oder Bilder können jedoch handwerklich nachlässig gewählt sein oder nicht zum Stil passen.*

Im Wesentlichen geht es bei der Analyse von Songtexten immer um folgende Punkte:

Passen der Text, verwendete Wörter, Verse, Bilder und Segmente

- *zur erzählten Geschichte?*
- *zur Intention des Songs?*
- *zur Haltung des Sängers?*
- *zu den Figuren?*
- *zur gewählten Sprache?*
- *zum Genre?*
- *zur Metrik?*
- *zum Reim oder Reimschema?*
- *zur Struktur?*

Kommen wir zum Modell des Songfilms zurück: Wenn Sie sich einen Film im Kino ansehen, gibt es unzählige Details, die dafür sorgen, dass Sie sich »mittendrin« befinden. Im Idealfall erleben Sie die Handlung so mit, als wäre sie ein Teil Ihrer eigenen Realität. Sie genießen den Augenblick des Erlebens. Sie hoffen, leiden und freuen sich mit dem Protagonisten. Sie verurteilen, verabscheuen oder hassen den Antagonisten. Sie erleben einen Schnitt innerhalb einer Szene oder sogar einen kompletten Umgebungswechsel wie einen Wimpernschlag und fragen sich nicht: »Wo sind wir hier bloß gelandet?« Sie empfinden einen Dialog, als würden Sie ein interessantes Gespräch im Bus belauschen. Sie fragen sich nicht: »Wer verdammt noch mal redet denn so gestelzt daher?« Sie rätseln mit, denken über den Sinn nach. Sie lachen, weinen, zerknabbern vor Spannung Ihre Fingernägel. Aber Sie schauen ganz bestimmt nicht auf die Uhr und denken daran, wie Sie schnell nach Hause kommen, um die »Tagesthemen« nicht zu verpassen. Sie wünschen sich, dass Sie an diesem fremden Stück Leben, in das Sie gerade aufgenommen wurden, möglichst lange Anteil nehmen können. Es ist wie in einem Traum, in dem Sie keinen Gedanken daran verschwenden, dass Sie eben *nur* träumen.

So ist es bei einem wirklich guten Film.

Nun stellen Sie sich vor, dass Folgendes im Film passiert:

- *Ein wackelndes, pelziges Mikrofon ragt von oben ins Bild hinein.*
- *Nach 90-minütigem Kampf um die erste Bahnlinie in den wilden Westen kommt es zum großen Showdown zwischen dem skrupellosen Killer und dem tapferen Sheriff und beide ziehen – Laser-Schwerter.*
- *Der beste Freund des Geheimagenten landet in einem Säurefass und zerfällt brodelnd. Fünf Minuten später sitzt er lächelnd und perfekt gestylt in einem Café und erzählt, dass er sich mit einem dreifachen Salto unbemerkt retten konnte.*

Es gibt unzählige solcher Beispiele, und wir haben sie alle schon einmal im Film erlebt. Wie fühlen Sie sich als Zuschauer in diesem Augenblick? Sie werden in die Realität zurückgestoßen, aus dem Spaß herausgerissen und daran erinnert, dass es eben doch »nur Kintopp« ist. Vielleicht nur für einen kurzen Augenblick, oder aber so, dass Sie keine Lust mehr haben, den Film weiter zu sehen und sich lieber damit beschäftigen, am Ohr Ihrer Begleitung herumzuknabbern. Wir wollen nicht aus der Atmosphäre, die ein Film – ohne dass wir es bemerkt haben – hat entstehen lassen, entführt werden.

Im Film dürfen manche Dinge *auf keinen Fall* passieren: nämlich alles, was unserer Logik, unserem dramaturgischen Verständnis oder unserem Gefühl widerspricht.

Auf das Hören eines Songs übertragen heißt das, ein Songtext kann unabhängig vom Genre und persönlichen Geschmack dann *objektiv* als gelungen gelten, wenn der Film, der durch ihn im Hörer entsteht, ohne Fehler oder Widersprüche abläuft.

Das klingt simpel, aber es trifft den Kern einer sinnvollen dramaturgischen und sprachlichen Analyse.

Einige Beispiele:
Im Lied tauchen keine »verbalen Mikrofon-Galgen« auf, das heißt zum Beispiel keine mit dem Thema unvereinbaren Formulierungen. Handlung und Sprache passen zusammen.

Unser Verstand fragt: Ist alles, was geschildert wird, logisch und nachvollziehbar? Passen die Formulierungen formal zum beschriebenen Inhalt?

Unser Herz dagegen fragt: Passen die Emotionen zur Haltung des Sängers? Glaube ich ihm das Gesungene? Sind die vermittelten Gefühle und Einsichten konstant, kann ich Brüche nachvollziehen?

Ob dieser »formal gelungene« Songfilm uns dann subjektiv gefällt, ist wiederum eine Frage des Geschmacks und der persönlichen Situation.

Beim Hören eines Songs fragen wir uns, ob das, was dort besungen wird, etwas mit uns zu tun hat: mit unserem Leben, unseren Gedanken und mit unserem augenblicklichen emotionalen Zustand. Gleichzeitig verknüpfen wir unsere Stimmung und unsere Erlebnisse mit den emotionalen Reizen, wie sie zum Beispiel durch einen Song ausgelöst werden. Ein Song, den wir beispielsweise in einer besonders glücklichen Situation gehört haben, wird uns ein Leben lang in Erinnerung bleiben und beim Wiederhören erneut wachrufen, wie es damals war. Ähnlich wie ein bestimmter Geruch uns ein Leben lang an eine spezielle Situation erinnern kann, sind wir mit den Liedern, die uns berühren, durch Musik und Text verbunden. Dazu tragen bestimmte Formulierungen bei, die den Kern eines Gedankens oder eines Gefühles treffen, das Thema oder die Einstellung des Sängers zum Thema vermitteln.

ÜBUNG:

- Hören Sie sich verschiedene Songs in Ruhe und ungestört an. Stellen Sie sich dazu Bilder wie im Kino vor und erleben Sie den Song wie einen Film.
- Beobachten Sie Ihre Reaktionen, Ihre Anteilnahme, Ihre nachklingenden Gefühle und Gedanken.
- Gibt es Stellen, wo Sie abschalten – wo Ihnen der Songfilm nicht mehr gefällt?
- Wo genau? Überlegen Sie, woran es im Detail liegen könnte.
- Fallen Ihnen Verbesserungen ein?

Hier ein Textbeispiel eines besonders gut gelungenen Songfilms, was erklärt, warum das Lied als zeitloser Klassiker gilt.

ÜBER DEN WOLKEN

(Text: Reinhard Mey)

Wind Nordost, Startbahn null-drei
bis hier hör ich die Motoren
wie ein Pfeil zieht sie vorbei
und es dröhnt in meinen Ohren

Und der nasse Asphalt bebt
wie ein Schleier staubt der Regen
bis sie abhebt und sie schwebt
der Sonne entgegen

Über den Wolken
muss die Freiheit wohl grenzenlos sein
alle Ängste, alle Sorgen, sagt man
blieben darunter verborgen und dann
würde, was uns groß und wichtig erscheint
plötzlich nichtig und klein

Ich seh ihr noch lange nach
seh sie die Wolken erklimmen
bis die Lichter nach und nach
ganz im Regengrau verschwimmen

Meine Augen haben schon
jenen winzigen Punkt verloren
nur von fern klingt monoton
das Summen der Motoren

Über den Wolken
muss die Freiheit wohl grenzenlos sein …

Dann ist alles still, ich geh
Regen durchdringt meine Jacke
irgendjemand kocht Kaffee
in der Luftaufsichtsbaracke

In den Pfützen schwimmt Benzin
schillernd wie ein Regenbogen
Wolken spiegeln sich darin
ich wär gern mitgeflogen

Über den Wolken
muss die Freiheit wohl grenzenlos sein …

Es geht nicht darum, ob Sie die Musik, die Poesie, das Thema mögen. Es geht nur darum, den Text daraufhin zu untersuchen, warum er so gut gelungen ist. Mey entwirft mit Leichtigkeit klare Bilder, im Ganzen wie auch im Detail. In der Beschreibung seiner Gedanken bleibt er konsequent beim Thema Fliegen und in der Szenerie Flughafen.

Die zeitliche Abfolge ist logisch (Start der Maschine, Abheben und Flug, das Zurückbleiben des Beobachters). Die Sprache gehört in allen Songteilen einer Person, der Blickwinkel wird beibehalten. Metrik und Reime wirken harmonisch.

ÜBUNG:

- Stellen Sie sich vor, in ÜBER DEN WOLKEN würde Reinhard Mey plötzlich in einer Strophe auch von der Freiheit des Hochsee-Segelns schwärmen, ohne dazu eine Verbindung zum Rest des Textes zu schaffen.
- Wie könnte man das Bild des Fliegers mit dem des Seglers sinnvoll verbinden?
- Suchen Sie dazu nach emotionalen und inhaltlichen Brücken und formulieren Sie diese kurz und prägnant. Beispiel: »Beim Fliegen und beim Segeln spielt der Wind eine Rolle.« Oder Unterschiede: Himmel und Meer.

Bei ÜBER DEN WOLKEN ist es leicht, die Film-Allegorie nachzuvollziehen, da Reinhard Mey hier eine visuelle Sprache verwendet und die Geschichte chronologisch erzählt (»Ein Mann steht am Flughafen und beobachtet …«).

Die Film-Allegorie lässt sich aber nicht nur auf erzählende Texte anwenden, sondern auch auf lyrische oder kodierte.

GUTEN TAG (REKLAMATION)

(Text: Judith Holofernes)

Meine Stimme gegen deine im Mobiltelefon
Meine Fäuste gegen teure Nagelpflegelotion
Meine Zähne gegen die von Dr. Best und seinem Sohn
Meine Seele gegen eure sanfte Epilation

Es war im Ausverkauf, im Angebot die Sonderaktion
Tausche blödes altes Leben gegen neue Version
Ich hatt es kaum zu Hause ausprobiert, da wusste ich schon
An dem Produkt ist was kaputt, das ist die Reklamation

Ich tausch nicht mehr (ich will mein Leben zurück)
Ich tausch nicht mehr (ich will mein Leben zurück)
Guten Tag, ich will mein Leben zurück
Guten Tag, guten Tag, ich will mein Leben zurück
Guten Tag, guten Tag, ich will mein Leben zurück
Guten Tag, ich gebe zu, ich war am Anfang entzückt
Aber euer Leben zwickt und drückt
Nur dann nicht, wenn man sich bückt
Guten Tag

Meine Stimme gegen die der ganzen Talkshow-Nation
Meine Fäuste für ein müdes Halleluja und Bohnen
Meine Zähne gegen eure zahme Revolution
Visionen gegen die totale Television

Es war im Ausverkauf, im Angebot die Sonderaktion
tausche blödes altes Leben gegen neue Version
Ich hatt es kaum zu Hause ausprobiert, da wusste ich schon
An dem Produkt ist was kaputt, das ist die Reklamation

Ich tausch nicht mehr (ich will mein Leben zurück) …

Mobiltelefon – Dr. Best und sein Sohn – Sonderaktion
Das ist die Reklamation
Der ganzen Deutschen Nation
Halbe Lotion – Visionen gegen die totale Television

Es war im Ausverkauf, im Angebot die Sonderaktion
tausche blödes altes Leben gegen neue Version
Ich hatt es kaum zu Hause ausprobiert, da wusste ich schon
An dem Produkt ist was kaputt, das ist die Reklamation

Ich tausch nicht mehr (ich will mein Leben zurück) …

Judith Holofernes schafft in ihrem Lied ebenfalls Bilder, allerdings auf ganz andere Weise als Reinhard Mey. In GUTEN TAG benutzt sie kurze Schlagworte, um schnelle Assoziationen und Gefühle auszulösen. Fast sehen wir die beschriebene Fernsehwerbung und die Flut der

TV-Bilder. Sie wurden nicht in eine chronologisch erzählte Geschichte verpackt. Holofernes stellt ihre persönliche Haltung bezogen auf Waren- und Unterhaltungskonsum zu unserem Gesellschaftssystem dar. Das gibt dem Hörer die Möglichkeit, sich zu entscheiden: Stimmt er der Sängerin zu oder nicht?

> In lyrischen Texten geht es meist darum, ob man sich als Hörer mit den Aussagen und Gefühlen identifizieren kann.

Bei GUTEN TAG, im Gegensatz zu ÜBER DEN WOLKEN, gibt es keine Handlung, die vom Thema ablenkt. Die lyrischen Aussagen werden indirekt und verschlüsselt vermittelt. Deshalb muss der Hörer mehr mitdenken und -fühlen, um den Inhalt und die »lyrischen Geheimnisse« zu entschlüsseln. Er beantwortet sich die Frage »Wie meint der Sänger das?« selbst und wird dadurch emotional enger an den Song gebunden.

… Aber euer Leben zwickt und drückt
Nur dann nicht, wenn man sich bückt …

Können Sie das Gefühl, sich im Leben »bücken« zu müssen, nachvollziehen? Können Sie sich in das Bild »das Leben ist ein Anzug« hineinversetzen? Können Sie die Beispiele (übertriebene Fernsehwerbung, Ausverkaufsrummel) mit diesem Bild verbinden? Um dieses »Nachfühlen können« geht es, wenn der Text gelungen ist.

Aber auch objektiv betrachtet ist GUTEN TAG überzeugend: Die Sprache, Satzfetzen, kurze assoziative Bilder, die Erzählposition, die Anti-Haltung, das Tempo wird konsequent gehalten, der Songfilm wird an keiner Stelle unterbrochen.

Wenn Sie einen lyrischen Text beurteilen oder schreiben wollen, machen Sie sich bewusst, in welche Atmosphäre und zu welchen Assoziationen der Text Sie führt:

- *Gibt es inhaltliche oder sprachliche Brüche?*
- *Können die Bilder nachempfunden werden?*
- *Wird die Haltung des Sängers klar?*
- *Ist der Wechsel einer Haltung nachvollziehbar?*

ÜBUNG:

- Noch einmal zu ÜBER DEN WOLKEN:
  Stellen Sie sich statt des von Reinhard Mey beschriebenen Flugplatzes einen Bahnhof vor. Er liegt irgendwo in einem langweiligen Dorf in der Provinz. Gehen Sie jetzt Reinhard Meys Text Zeile für Zeile durch und schreiben Sie ihn an den entsprechenden Stellen auf »Bahnhof/Zugverkehr« um. Kümmern Sie sich noch nicht um Versmaß und Reime. Denken Sie nur an die neuen Bilder, den neu entstehenden Film.
- Falls Sie Schwierigkeiten damit haben, beginnen Sie mit dem Chorus und den Zeilen:

  Auf diesen Gleisen
  muss die Freiheit wohl grenzenlos sein

  Und von dort entwickeln Sie den Rest.

ZUSAMMENFASSUNG:

- Ein Songtext kann – unabhängig vom persönlichen Geschmack und Genre – dann *objektiv* als gelungen gelten, wenn er beim Hören als »Film im Kopf« abläuft.
- Alles, was bei der Rezeption des Songs von der inhaltlichen und emotionalen Ebene ablenkt, was als störend in Bezug auf den entstehenden »Film« empfunden wird, mindert die objektive Qualität des Liedtextes.
- Dies kann sich auf sprachliche, inhaltliche und erzählperspektivische Details beziehen.
- Ein Lied gilt *subjektiv* als gelungen, wenn es uns emotional oder intellektuell besonders berührt.

4

DER KREATIVE PROZESS

Genialen Songschreibern kann der perfekte Songtext gelingen, in dem sie den Text in wenigen Minuten herunterschreiben. Wir anderen müssen entweder passiv auf den wunderbaren Einfall hoffen – oder selbst aktiv für die entsprechende *Inspiration* sorgen.

Spannende Themen, anregende Inhalte, schöne Verse und interessante Bilder finden manchmal wie von selbst den Weg aus dem Unbewussten aufs Papier. Genießen Sie diesen Augenblick, wenn er sich ergibt! Wenn nicht, seien Sie beruhigt: Zum Glück müssen wir diese berauschenden Momente nicht unserem Unterbewusstsein überlassen, wir können sie uns auch erarbeiten. Zwar kann man Kreativität nicht erzwingen, aber wir können unseren Geist so lenken, dass er kreativ werden kann. Und das unterscheidet den Profi vom glücklichen Genie oder vom Zufallstexter.

Herbert Grönemeyer sagte in einem Interview dazu: »Das Musikschreiben geht nebenbei. Mir fällt zum Beispiel etwas unter der Dusche ein, und das trällere ich den ganzen Tag vor mir her, bis es sich richtig festsetzt. Wenn ich texten muss, muss ich mich disziplinieren. Die Texte sind das Top des Gesamtkunstwerkes.«

Es gibt natürlich auch andere Arbeitsweisen. Moses Pelham zum Beispiel erzählt in einem Interview, dass er beim Songentwickeln keinem vorgeschriebenen Weg folgt. »Hauptsache es fühlt sich richtig an und ist meine Wahrheit. Das kann mit einem Beat, einem Reim, einer Titelidee, einem Refrain, einem Thema, einem Sound, oder was auch immer anfangen und dann arbeitet man sich halt von einem Detail zum nächsten.«

Dirk von Lowtzow, der Sänger und Texter von Tocotronics, meint: »Oft kommt man ganz zufällig auf Dinge, und der Text stellt irgendetwas mit einem an, wenn man ihn schreibt. Man fragt sich, was wird am Ende wohl rauskommen?« In einem Interview mit der FAZ äußerte er sich später so: »Beim Schreiben versuche ich immer, sehr schnell zu arbeiten. Automatisches Schreiben, André Breton und so – das ist vielleicht etwas übertrieben. Aber dass man versucht, sich dem Text ein wenig untertan zu machen und in einen Bewusstseinsstrom zu geraten, ist schon wichtig. Die Texte sind nicht konstruiert und gebaut und geschachtelt, die entstehen aus einem Guss. Nach einer langen Phase der Faulheit und Trägheit gibt es einen Flash. Das finde ich sehr reizvoll, weil man da selbst noch überrascht wird.«

Diese Vorgehensweise halte ich in der *ersten* kreativen *Phase* des Schreibens für sinnvoll, denn sie führt zum *ersten Textentwurf*, zumindest aber zu *Textfragmenten*. Danach beginnt allerdings die eigentliche Arbeit in der zweiten Phase: das Überarbeiten.

In den folgenden Kapiteln erhalten Sie einen Überblick über die verschiedenen Arbeitsschritte, in denen man einen Songtext entwickeln (also entstehen lassen oder verbessern) kann und über die wesentlichen song-dramaturgischen Orientierungs- und Analysemerkmale *Thema*, *Inhalt* und *Haltung*.

Arbeitsschritte

Die Reihenfolge bei der Entwicklung eines Songtextes kann unterschiedlich sein: Manche dieser Schritte *müssen* Sie gehen, um überhaupt etwas zu Papier zu bringen, andere *können* Sie ausprobieren, um zu erkennen, wo Ihre Stärken liegen.

Ein Song und seine Entwicklung kann durch jeden Arbeitsschritt der Einstiegsphase ausgelöst werden. In der zweiten Phase geht es um die Weiterentwicklung der ersten Textfassungen oder von Textfragmenten, also der Überarbeitung. Es gibt nicht nur *einen*, definitiven Weg, um sich an die Arbeit an einem Song zu machen. Es gibt viele verschiedene Schritte, mit denen man starten kann. Gut wäre es, wenn Sie aus einem großen Vorrat von Ideen schöpfen können, indem Sie immer wieder Assoziationen und fortführende Ansätze sammeln.

Das Bewusstmachen von Thema, Inhalt und Haltung soll kein kreatives Korsett sein, ganz im Gegenteil. Es wird Ihnen immer wieder dazu dienen, neue Inspiration zu gewinnen, in dem Sie Ihre Gedanken und Gefühle sortieren und Ihren soweit entwickelten Text auch dramaturgisch bewerten. So finden Sie neue Ideen (Verse, Bilder, Handlungen, Gefühlsausdrücke) und können besser beurteilen, ob diese Ideen dazu passen.

Einstiegs- und erste Entwicklungsphase

- *Eine Idee suchen.*
- *Freies Schreiben: alles, was Ihnen zur Idee einfällt.*
- *Das Thema definieren: Worum geht es?*
- *Die eigene Haltung (Meinung, Einstellung) zum Thema bestimmen.*
- *Den Inhalt entwickeln. Die zu erzählende Geschichte formen oder die eigene Gefühlslage sortieren.*
- *Den Bezugsrahmen finden.*
- *Einen ersten Vers schreiben.*
- *Hooks entstehen: Titel, Refrain oder Höhepunkt des Chorus.*
- *Ideenfindung: Welche Situationen, Bilder, Sätze assoziiere ich?*
- *Weitere Verse entstehen.*
- *Verschiedene Erzählperspektiven durchdenken.*
- *Erste Versbündel zusammenstellen, meist schon gereimt.*
- *Erste Fassung des Chorus entwerfen.*
- *Mögliche Metrik/Melodie des Chorus erkennen/finden.*
- *Erste Strophen schreiben/zusammenstellen.*
- *Metrik und Melodie der Strophen erkennen und finden.*

Überarbeitungsphase

- *Analyse: Was sagt der Text bisher tatsächlich aus?*
  Wovon handelt er? Ist meine Haltung in allen Details durchgehend erkennbar (Bilder, Wortwahl, Zusammenhänge etc.)? Ist die gewählte Erzählperspektive passend?

- *Weiter- oder Neuentwicklung der Strophen und des Chorus.*
- *Strophenentwicklung: Was genau soll in den einzelnen Strophen erzählt werden? Wie verhalten sich die Strophen zum jeweils folgenden Chorus? Reihenfolge der Strophen prüfen: Gibt es Lücken oder unpassende Textpassagen?*
- *Benötige ich einen Übergangsteil zwischen Strophe und Chorus – einen Prechorus?*
- *Benötige ich zum Ende einen weiteren Teil, um den Chorus noch einmal inhaltlich anders zu beleuchten – eine Bridge?*
- *Habe ich alles erzählt, was ich wollte?*
- *Ist alles, was erzählt wurde, wichtig und nötig?*

Diese Liste wirkt vielleicht verwirrend, aber Sie werden schnell erkennen, dass es sich um einen organischen Prozess handelt, der fließend von einer Fragestellung zur nächsten übergeht. Erfahrene Songtexter haben die einzelnen Arbeitsschritte verinnerlicht, bei anderen Autoren führt das Auslassen von Arbeitsschritten und weniger genaues Analysieren meist zu weniger guten Songtexten: Es mangelt an Verständlichkeit, Glaubwürdigkeit, poetischer Kraft und Größe, dichterischer Prägnanz.

Danach heißt es vor allem »dranbleiben«. Die eigentliche Arbeit beim Songtexten besteht darin, aus den vielen Textansätzen und Ideen, die Ihnen einfallen, die interessantesten auszuwählen und konsequent inhaltlich und sprachlich zu entwickeln. Und zwar so lange, bis ein Songtext entstanden ist, der Ihnen wirklich gefällt, der das aussagt, was Ihnen wichtig ist.

Ideen sammeln

Am Anfang sollten Sie die Puzzleteile, die vorhanden sind, zunächst einmal sichten und auf brauchbare Ideen hin abklopfen:

- *Haben Sie schon eine konkrete Vorstellung, einen Textentwurf oder ein Textfragment, dann beginnen Sie damit.*
- *Sind Sie auf der Suche nach neuen Ansätzen, lassen Sie einfach*

Ihre Stimmung und Ihr Unbewusstes für sich arbeiten und schreiben alles auf, was Ihnen gerade durch den Kopf geht, egal was es ist.

- *Schreiben Sie drei Minuten: »Wie geht's mir?*
  Was sehe ich? Was mache ich nachher?«
  Oder: »Mir fällt gerade nichts ein. Da ist nur Leere in meinem Kopf. Ich bin abgelenkt von dem, was ich durch das Fenster sehe. Da fahren …«
  Es kann vollkommen belanglos sein. Seien Sie unkritisch. Wenn Sie dadurch auf neue Ideen kommen, folgen Sie dem entstehenden Weg.
- *Schreiben Sie möglichst detailliert, wenn Ihnen ein Thema, ein Inhalt oder eine Geschichte in den Sinn kommt. Notieren Sie sich alles, was Ihnen dazu einfällt.*

Nachdem Sie sich den ersten Schwung von der Seele geschrieben haben, sollten Sie das, was dabei entstanden ist, analysieren.

- *Was steckt in Ihren Notizen? Sind interessante Worte, Zeilen, Inhalte, Verse, Wendungen der Geschichte darin?*
- *Warum sind Sie daran interessiert?*
- *Was fällt Ihnen wiederum dazu ein?*

Es gibt noch unzählige andere Methoden, um sich zu neuen Ideen anregen zu lassen. Hier noch ein paar davon:

- *Notieren Sie sich Ihre Träume.*
- *Führen Sie Tagebuch zu allem, was Sie bewegt.*
- *Singen Sie irgendwelche Verse vor sich hin.*
- *Überlegen Sie, welches Song-Thema in dem Roman steckt, den Sie gerade lesen, oder in dem letzten Kinofilm, den Sie gesehen haben.*
- *Hören Sie sich deutsche Popsongs an und interpretieren Sie die Inhalte neu oder »verbessern« Sie den Text.*
- *Hören Sie sich auch englische Songs an. Welche Ideen, Themen, Bilder stecken darin?*
- *Hören Sie sich instrumentale Popsongs an und stellen Sie sich einen Text dazu vor.*
- *Achten Sie bei Werbung auf die kleinen Geschichten, die manchmal erzählt werden.*
- *Belauschen Sie Gespräche in Cafés, der Bahn oder in Geschäften.*

- *Denken Sie sich superkurze Geschichten aus, die zu einem Sprichwort passen. (Die Axt im Haus erspart den Zimmermann; Alte Liebe rostet nicht; Kleider machen Leute)*
- *Blättern Sie in Zeitschriften, schmökern Sie in Lexika.*
- *Schreiben Sie Reim-Verse auf Quatschbegriffe (Quaddeldie, Lakolomm, saddelehen …)*

Wichtig bei diesen Kreativtechniken: Überwinden Sie Ihre Hemmungen, Ungewöhnliches auszuprobieren, ja sogar Schlechtes zu schreiben. Es geht noch nicht um das Ergebnis oder um Qualität. Von der Idee bis zum fertigen Songtext überarbeiten Sie immer wieder. Der Text läuft durch verschiedene Filter, die immer dichter werden. Am Ende der Arbeit tropft der Text aus einer winzigen Nadelspitze aufs Papier. Wenn Sie sich in der Anfangsphase bereits auf diese Nadelspitze konzentrieren und der Meinung sind, dass alles, was sie nun schreiben, schon perfekt sein muss, scheitern Sie an Ihren eigenen hohen Erwartungen.

Es geht zunächst darum, so viel Wortmaterial wie möglich zu sammeln, das Sie inspiriert, auf neue Ideen bringt und Ihnen bei der kreativen Entwicklung des Textes hilft. Nutzen Sie dazu alle Anregungen und Möglichkeiten, die sich Ihnen bieten. Und vor allem: Vertrauen Sie auf Ihr kreatives Potenzial.

ÜBUNG:

- Beginnen Sie Ihren Song, den wir von nun an SONG X nennen werden. Entspannen Sie sich und lassen Sie Ihre Gedanken schweifen. Worauf stoßen Sie dabei?
- Notieren Sie sich alles, was Ihnen gerade durch den Kopf geht. Schreiben Sie!
- Prüfen Sie Ihre Notizen, ergibt sich daraus ein erster Ansatz, eine Songidee, ein Thema?
- Was fällt Ihnen alles zu diesem Thema ein? Lassen Sie zwischendurch Ihr Unbewusstes arbeiten, in dem Sie gar nichts tun und nur vor sich hin phantasieren.
- Bei welchem Stichwort fällt Ihnen etwas ein:

eine Zeile, ein paar zusammenhängende Worte, ein Reim, ein Sprichwort, eine Situation, ein Gefühl, ein Bild?

ZUSAMMENFASSUNG:

Ansätze für neue Songs können Sie auf vielfältige Weise gewinnen: Schreiben Sie einfach drauf los, notieren Sie erste Verse zu dem, was Sie grade bewegt, rücken Sie ein spezielles Thema in den Mittelpunkt Ihrer Überlegungen, denken Sie sich in groben Zügen eine Geschichte, einen möglichen Songinhalt aus, dann können Sie Ihren Text weiter entwickeln.

5

DER SONG ENTSTEHT

Thema

Thema und Inhalt werden häufig verwechselt. Der Inhalt eines Songs beschreibt eine Handlung oder eine Situation, das Thema dagegen ist der Grundgedanke oder das Gefühl, das den Inhalt bestimmt. Bei der Bestimmung des Themas fragen Sie sich, welche Hauptaussage Sie mit Ihrem Song treffen wollen, welches Gefühl oder welchen Zustand Sie vermitteln möchten.

Ein Beispiel: In dem Song ÜBER DEN WOLKEN ist das Thema nicht etwa »Das Fliegen«, »Ein Flughafen« oder »Ein Mann beobachtet ein Flugzeug«, sondern das Gefühl »Sehnsucht«. Ein Objekt, ein Ort oder eine Situation können immer nur der *Inhalt* des Songs sein oder als sprachliche *Bilder* dienen. Sie *»übersetzen«* lediglich das Thema in Worte.

Schreiben können Sie über alles, was Sie bewegt und was Ihnen in Ihrem Leben wichtig erscheint. Seien Sie dabei vor allem offen für die Gefühle, die mit den Erlebnissen oder Situationen verbunden sind. Ihr Songtext wird Ihnen mit einem emotionalen Thema besser gelingen, weil Sie sich immer wieder in das emotionale Grundthema hineinversetzen und auf Ihre eigene Erfahrung beziehen können. Das wird Sie motivieren und inspirieren.

Die Sängerin Björk sagt zum Beispiel über sich in einem Interview der NZZ am Sonntag: »Wenn ich meine eigenen Singer/Songwriteralben mache, dreht sich alles um mich: *Bin ich glücklich? Bin ich traurig?*« Die Frankfurter Allgemeine Sonntagszeitung schreibt über die Texte von Kettcar-Sänger Marcus Wiebusch: »Wovon Kettcar singen: die großen Freundschaften und zerplatzten Träume, der Getränkenotstand am Elbstrand und der Balkon gegenüber, auf dem sich die wahren Dramen abspielen. … (Und davon,) dass es vollkommen in Ordnung ist, immer nur alles zu verpassen, die Großstadt, die Rock'n'Roll-Revolution oder nur die Ausfahrt zum Haus ihrer Eltern«. Christiane Rösinger, die Sängerin und Texterin der Band Britta, schränkte allerdings in einer Podiumsdiskussion der Berliner Literaturwerkstatt ein: Dinge der Tagespolitik seien in Songs schwer unterzubringen.

Oft ist Songtextern das Kernthema zu Beginn der Schreibarbeit noch gar nicht richtig bewusst. Sie können es vielleicht sogar erst im Inhalt finden und entdecken dadurch, welches Thema Sie offenbar unbewusst beschäftigt. Dieses Thema bestimmt dann die weitere Arbeit am Text. Wenn Sie erst einmal das Hauptthema definiert haben, können Sie immer wieder überprüfen, ob Ihr Text auch im Detail wirklich Ihrem Thema entspricht.

Das allgemeine Thema

Über die Liebe wollen die meisten Menschen immer wieder etwas hören. Sei es in Ratgebern, als Glücksbestätigung, Eskapismus oder Trauerhilfe. Beim Analysieren von Songs oder auf der Suche nach einem Songthema, können Sie zum Beispiel beim Thema Liebe aus vielen Abwandlungen und Variationen wählen:

Sehnsucht nach Liebe
Sehnsucht nach einer bestimmten Auserwählten
Liebe auf den ersten Blick
kennen lernen
abgewiesen werden
erster Kuss
Verlangen, Begierde
Sinnlichkeit, Lust, Erotik und Sex
Unlust
aus einem Flirt wird eine Beziehung
Liebesalltag

»neue« oder »alte« Liebe
erfüllte Liebe
unerfüllte Liebe
Beziehungsprobleme
Eifersucht
Trennung
verlassen worden sein
Scheidung
Liebe zur Musik, zu seinem Auto …

Die allgemeine Themenpalette lässt sich erweitern, wenn wir uns auch mit anderen emotionalen Zuständen befassen, zum Beispiel:

Empfinden des Glücks
Überraschung
Kummer
Trauer
Einsamkeit
Sehnsucht
Erregung
Verwirrung
Nachdenklichkeit
Zweifel
Eifersucht
Wut
Angst
Hass
Hilflosigkeit
Verzweiflung
Zuversicht
Hoffnung
Freude

Das detaillierte Thema

Der emotionale Zustand des allgemeinen Themas wird beim detaillierten Thema in einen Kontext gesetzt. Zum Beispiel: »Angst – wovor?«, »Liebe – zu wem?«. Dabei ist es hilfreich, das detaillierte Thema zuerst in möglichst persönlicher Form zu beschreiben (auch wenn der Song später vielleicht aus einer anderen Erzählperspektive erzählt wird). Also zum Beispiel: »Ich habe Angst, dich zu verlieren«, »Ich bin mit dir glücklich, fühle mich aber auch ohne dich komplett«, »Ich freue mich über den schönen Tag«, »Wir leben gerne zusammen und genießen unseren Alltag«.

Das inhaltsbezogene Thema

Jetzt kommen Sie schon dem Inhalt näher, wenn Sie das Thema mit einer *Situation* oder einem *Auslöser des Gefühls* verbinden. Zwei Beispiele:

ÜBER DEN WOLKEN

Allgemeines Thema: »Sehnsucht«

Detailliertes Thema: »Ich sehne mich nach Freiheit.«

Inhaltsbezogenes Thema: »Ich sehne mich nach der Freiheit, fliegen zu können.«

GUTEN TAG

Allgemeines Thema: »Unzufriedenheit«.

Detailliertes Thema: »Ich bin unzufrieden mit meiner Lebenssituation.«

Inhaltsbezogenes Thema: »Ich bin unzufrieden mit der Lebenssituation, in die mich die Konsumgesellschaft drängt.«

Das Thema in lyrischen Texten

In lyrischen Texten kann das wichtigste Gefühl als allgemeines Thema dienen. Befasst sich der lyrische Text mit einem konkreten Inhalt, dann können Sie das Thema auch detailliert bestimmen. Das inhaltliche Thema lässt sich allgemein beschreiben, etwa: »So nehme ich die Welt um mich herum auf Grund meines emotionalen Zustandes wahr.« Beispiel:

LOCH IM TAG

(Text: Jovanka von Willsdorf)

Heute ist ein Loch im Tag
dadurch fallen
dadurch fallen viele Blätter
manche fallen auf die Erde
manche sind zerknüllt vom Wetter
Heute ist ein Loch im Tag
das Jahr verliert die Zähne
und sieht schon ganz müde aus
heute bleibt die Welt zu Haus

Ich zähle meine Perlen
alle Schiffe sind im Hafen
ich werfe keine Schatten
auf die Hunde, die noch schlafen

Heute ist ein Loch im Tag
Heute ist ein Loch im Tag …

Heute ist ein Loch im Tag
dadurch fallen
dadurch fallen viele Worte
manche fallen auf die Erde
andere an andere Orte

Das Jahr verliert die Zähne
um den Turm in dem ich wohne
das Jahr schämt sich ein wenig
wie ein König ohne Krone

Heute ist ein Loch im Tag
Heute ist ein Loch im Tag …

Das allgemeine Gefühl lautet: »Melancholie«, das inhaltliche Thema: »Melancholisch nehme ich die Welt um mich herum an einem Herbsttag wahr.«

ZUSAMMENFASSUNG:

- Bei der Themenwahl sind Sie völlig frei.
- Schreiben Sie über alles, was Sie beschäftigt.
- Definieren Sie Ihr Thema möglichst persönlich und als emotionalen Zustand.
- Verfeinern Sie das allgemeine Thema zum detaillierten und dann zum inhaltlichen.

ÜBUNG:

- Analysieren Sie verschiedene Songs und beschreiben Sie das allgemeine, das detaillierte und das inhaltsbezogene Thema.
- Schreiben Sie diese drei Themenstufen Ihres SONGS X auf.

Der Inhalt

Sie haben das Thema bestimmt, jetzt überlegen Sie, *was* der Song erzählen soll, was in dem Song passiert. Der Inhalt stellt die Oberfläche des Songs dar, das, was wir beim Hören unmittelbar und ohne weitere Reflektion wahrnehmen. Beim Schreiben geht es nun darum, welche Handlung oder welche Situation die Gefühle des Themas »übersetzt«.

Wenn Sie im Song eine Geschichte erzählen wollen, beschreiben Sie im Inhalt möglichst kurz, worum es dabei geht. Zwei Beispiele:

ÜBER DEN WOLKEN

Inhalt: »Ein Mann beobachtet auf dem Flughafen ein startendes Flugzeug und macht sich dabei Gedanken über die Freiheit des Fliegens.«

GUTEN TAG

Inhalt: »Jemand beschwert sich bei einer Reklamationsstelle über den Zustand seines durch die Konsumgesellschaft verwirrten Lebens.«

Bei lyrischen Texten ohne erzählte Handlung ist es sinnvoll, den Inhalt auf die Situation im Song zu beziehen:

LOCH IM TAG

Inhalt: »Die Sängerin schildert ihre Wahrnehmung eines Herbsttages.«

Eine themenbezogene Beschreibung könnte lauten:

»Die Sängerin schildert ihre Melancholie zum Jahresausklang (angesichts eines Herbsttages).«

Da wir im Inhalt den wahrnehmbaren Songfilm schildern, lässt sich ganz allgemein feststellen: Je ungewöhnlicher und prägnanter der Inhalt eines Liedes ist, umso eher bleibt er in Erinnerung. Beispiele für Songs mit originellen Inhalten:

GUTEN TAG
GRIECHISCHER WEIN
DIE AUSFAHRT ZUM HAUS DEINER ELTERN
99 LUFTBALLONS

Besonders bei Liebesliedern ist ein origineller, unverwechselbarer Inhalt wichtig. Oberflächlich betrachtet gibt es dabei zunächst nur wenige Varianten, die deswegen auch zu oft verwendet werden:

Der Sänger erklärt der Angebeteten seine Liebe.
(Variante A: Die Liebe wird erwidert, Variante B: Die Liebe wird nicht erwidert)
Der Sänger bittet die Angebetete, ihn zu lieben.

Songtexte mit solchem Inhalt unterscheiden sich meist nur noch durch ihre sprachliche Qualität, also zum Beispiel durch die Intensität der Bilder. Wenn Sie ihren Inhalt nacherzählen wollen, merken Sie, dass es kaum möglich ist. Weil aber das Hören eines Songs auf mehreren Wahrnehmungsebenen stattfindet, können auch solche Lieder allein durch ihre poetische Kraft wirken.

Eine Liebeserklärung, die in irgendeiner Situation ausgesprochen wird, kann auch nur irgendeinen Inhalt haben (»Ich sage dir, ich liebe dich so sehr«). Aber stellen Sie sich vor, dass Sie Ihre Liebe zum Beispiel in einer der folgenden Situationen bekennen:

Nach der ersten gemeinsamen Nacht
Auf der Flucht nach einem gemeinsamen Bankraub
Gestrandet auf einer einsamen Insel
Als Sie Ihre Ex-Partnerin mit einem Neuen treffen

Daraus ergeben sich Möglichkeiten, auf eine besondere Situation bezogene Aussagen zu finden. Das bringt Sie auf neue Ideen, und die werden Sie bei der Strophengestaltung auch benötigen.

BEISPIELE:

VOLLMOND

Inhalt: »Ein betrunkener Mann bittet den Mond darum, ihm bei der Eroberung seiner Geliebten zu helfen.«

CELLO

Inhalt: »Ein Mann erzählt von der vergangenen Liebe zu einer Cellistin.«

Getrampt oder mit dem Moped
Oder schwarz mit der Bahn
Immer bin ich dir irgendwie hinterhergefahr'n
Nein, damals hab ich kein Konzert von dir versäumt
Und nachts konnte ich nicht schlafen
Oder wenn, dann hab ich von dir geträumt

Du spieltest Cello
In jedem Saal in unsrer Gegend
Ich saß immer in der ersten Reihe
Und ich fand dich so erregend
Cello
(Aus CELLO; Text: Udo Lindenberg)

ICH GUCKE NUR, WENN DU NICHT GUCKST UND HOFFE, DASS DU'S SIEHST

Inhalt: »Ein Mann sitzt am Ende des Abends in der Bar und denkt über sich und den letzten anderen Gast, eine Frau, nach, ohne dass er sich traut, sie anzusprechen.«

ICH GUCKE NUR, WENN DU NICHT GUCKST ...

(Text: Masen Abou-Dakn)

der Mensch hinter der Theke
hat die Musik längst ausgestellt
ich wette mit mir selbst
wann welcher Stuhl wo vom Tisch fällt
der Kellner gähnt und fächelt
die letzte Kerze vor mir aus
nur du und ich, wir wollen noch nicht nach Haus

ich gucke nur, wenn du nicht guckst
und hoffe, dass du's siehst
gibt viel, was ich nur sagen kann
wenn du's selbst in mir liest
jeder trinkt sein Glas,
so wie gewohnt alleine aus
wenn du fragst, komm ich mit zu dir nach Haus

was du für mich sein wirst,
kann ich dir jetzt noch nicht sagen
für mich vergeht die Zeit
nur in Minuten, nicht in Tagen

wir beide sind noch übrig
warum machen wir nichts draus
wenn du kannst, nimm mich mit zu dir nach Haus

auch wenn du mich nicht ansprichst
hat das Warten sich gelohnt
die Bar ist unser Weltall
du die Erde, ich der Mond
solang ich mich um dich drehen darf
kriegen die mich hier nicht raus
wenn du willst, flieg ich bis zu dir nach Haus

das, was du brauchst, hab ich zuviel
und du hast, was mir fehlt
wir wissen, was wir wert sind
nur noch nicht, ob's für uns zählt
uns beide hat die Nacht besiegt
wir klauen ihr den Applaus
sprich mich an und nimm mich mit nach Haus

was ich für dich sein kann
werd ich dich erst gar nicht fragen
vielleicht ja nur ein Spiel
aber das würd ich gerne wagen
falls ich mich zu dir rübertraue
lachst du mich dann aus
oder nimmst du mich dann mit zu dir nach Haus
wenn du fragst, komm ich mit zu dir nach Haus
sprich mich an und nimm mich mit nach Haus

Bezugsrahmen

Beim Finden des Songinhalts geht es um das Übersetzen von Situationen, Emotionen und Atmosphären in Verse. Es gilt, ein Gefühl, das ja zunächst nichts weiter als ein abstrakter Begriff ist, zum Beispiel Traurigkeit, in einen nachvollziehbaren Rahmen einzubetten. Sie übertragen also Ihr Thema auf eine erzählbare Ebene.

Finden Sie eine konkrete Gedankenbühne, auf die Sie Ihr Thema und Ihren Inhalt platzieren können:

- *eine Handlung*
- *ein Umfeld*
- *ein Bild*
- *einen poetischen »Aufhänger«.*

Mit Hilfe eines solchen Bezugsrahmens können Sie Ihre Aussagen in interessante und kräftige Bilder übersetzen. Bei GUTEN TAG geht es um die Unzufriedenheit über die eigenen Lebensumstände in der Konsumgesellschaft. Bezugsrahmen und Inhalt liegen oft sehr nahe beieinander. Der Inhalt schildert die Beschwerde der Sängerin bei einer fiktiven Reklamationsstelle, während der Bezugsrahmen von der Werbung in der Fernsehwelt ausgeht.

Der Inhalt beschreibt also die Handlung des Songs. Der Bezugsrahmen definiert die Verbindung zwischen Inhalt, Textdetails und Thema.

Ich bin überzeugt, dass Sie bessere Liedtext schreiben, wenn Sie einen geeigneten, originellen Bezugsrahmen entwickeln und sich beim Schreiben der Verse dann daran orientieren. Lassen Sie Ihr Gefühl sprechen. Welcher Bezugspunkt fällt Ihnen als Erstes oder ganz besonders auf? Manchmal sind es nur sehr lose Fäden, die das Ganze zusammenhalten, die Beschreibung eines Gefühls, auf das man mehrfach zurückkommt, oder ein Gedanke, der zum nächsten führt.

Als Bezugsrahmen eignen sich inhaltliche Blickwinkel, allgemeine Allegorien, aber auch der Fokus auf einen emotionalen Zustand.

Ein Liebestext mit dem Bezug »Auf der Flucht vor zu viel Liebe« würde beispielsweise ganz anders klingen als ein Song mit dem Bezug »Ich sehe dir beim Schlafen zu«, »Der Beweis meiner Liebe ist meine Eifersucht« oder »Du und ich am Meer«.

Ihnen werden dadurch mehr Dinge einfallen, die Sie erzählen können. Das gilt insbesondere für die Texte der Strophen, in denen

Sie inhaltlich spezifischer arbeiten werden als im eher allgemeinen Chorus.

Für den Hörer ist es wichtig, dass er den Inhalt eines Songs nachempfinden und miterleben kann. Deshalb sollte der Songtext symbolisches und allegorisches Material verwenden. Ein Beispiel aus dem Film »Titanic« von James Cameron:

Thematisch befasst sich der Film mit Liebe, Vertrauen, sozialen Unterschieden und der Befreiung aus gesellschaftlichen Zwängen.
Inhaltlich wird die Liebesgeschichte zwischen Rose und Jack und der Untergang des Schiffs erzählt.

Diese Situation und das Meer, mit all seinen *Inhalten, Klischees* und *poetischen Möglichkeiten*, kann man als den Bezugsrahmen bezeichnen.

Die Details der Geschichte werden immer wieder mit dem Untergang des Schiffs und dem Meer als Kulisse verbunden, wodurch sie ihre poetische Kraft bekommen.

Sie sollten bei Ihrem Songtext den einmal gewählten Bezugsrahmen konsequent weiterverwenden. Durch die Verknüpfung von Themen- und Rahmendetails bekommt Ihr Text lyrische Tiefe und Prägnanz.

Cameron tut dies zum Beispiel, in dem er Rose am Schluss, nachdem sie den Zuhörern auf dem Forschungsschiff all ihre Geheimnisse offenbart hat, sagen lässt: »Das Herz einer Frau ist ein tiefer Ozean voller Geheimnisse.« Er benutzt für diese Aussage wiederum eine Metapher mit Bezug zum Meer. Danach erfahren nur die Zuschauer, was aus dem unbezahlbaren Juwel geworden ist (das auch noch »Herz des Ozeans« heißt) und das sie Jack nun in sein Meeresgrab hinterherschickt. Das mag man kitschig finden, aber es ist unvergesslich und berührt. Cameron bleibt in allen Details konsequent im Bezugsrahmen »Meer« und erreicht die Zuschauer durch dieses poetische Bezugsbild.

Zu Ihrem einmal gewählten Bezugsrahmen sollten Sie in Ihrem Song immer wieder zurückkehren. Nutzen Sie die bestehenden und schaffen Sie neue poetische oder sprachwitzige Zusammenhänge. So schaffen Sie einen Songfilm, auf den sich die Zuhörer einlassen können und in dem sie mehr »erleben«.

- Um die geeignete Gedankenbühne und damit den passenden »Übersetzungscode« zu finden, suchen Sie in Ihren bisherigen Aufzeichnungen, Notizen und den ersten Entwürfen nach *übergeordneten Bildern* oder *Szenen.*
- Prüfen Sie, ob sich Verbindungen zu Ihrem Thema ergeben.
- *Wo* und *wann* könnte sich eine *erzählbare Handlung* dazu ergeben? *Was* tun die Beteiligten?(Ein Gespräch zwischen Liebenden während einer Autofahrt wird ganz andere Bilder entstehen lassen als eines beim Frühstück.)

Vielleicht denken Sie aber auch in Richtung *lyrische Situation* – ohne eine direkte Handlung?

- *Wo* könnten Sie sich beim Erzählen aufhalten?
- *Was* beobachten Sie, wenn Sie sich Ihre Gedanken machen?
- *Wodurch* haben Sie den poetischen Impuls erhalten?

Schreiben Sie Ihre Überlegungen zu den einzelnen Punkten immer auf, dabei ordnen Sie Ihre Gedanken und Einfälle. Sie werden feststellen, dass sich der *Inhalt* und der Bezugsrahmen häufig sehr eng ergänzen oder als Bezugsbild sogar identisch sein können. Vor allem bei einem lyrischen Songtext entsteht der Inhalt aus dem, was der Sänger als seine Wahrnehmung schildert. In diesem Fall entscheiden das Thema und Ihre Haltung, welche Worte Sie wählen werden und welche emotionale Richtung Sie dem Text geben.

BEISPIELE:

ÜBER DEN WOLKEN

Bezugsrahmen: Ein Mann beobachtet am Flughafen startende Flugzeuge.

Beispielverse:

Über den Wolken
muss die Freiheit wohl grenzenlos sein …
Dann ist alles still ich geh

Regen durchdringt meine Jacke
irgendjemand kocht Kaffee
in der Luftaufsichtsbaracke …

ICH GUCKE NUR, WENN DU NICHT GUCKST …

Bezugsrahmen: Ein Mann sitzt nachts als (fast) letzter Gast in einer Bar und denkt über sich und eine Frau nach, die er beobachtet, aber nicht anspricht.

Beispielverse:
Auch wenn du mich nicht ansprichst
hat das Warten sich gelohnt
die Bar ist unser Weltall
du die Erde, ich der Mond
solang ich mich um dich drehen darf
kriegen die mich hier nicht raus
wenn du willst, flieg ich bis zu dir nach Haus

… jeder trinkt sein Glas
so wie gewohnt alleine aus …

… uns beide hat die Nacht besiegt
wir klauen ihr den Applaus …

LOCH IM TAG

Bezugsrahmen: Gedanken über einen Herbsttag

Beispielverse:
Heute ist ein Loch im Tag
dadurch fallen viele Blätter
manche fallen auf die Erde
manche sind zerknüllt vom Wetter …
… das Jahr verliert die Zähne
und sieht schon ganz müde aus
heute bleibt die Welt zu Haus …

SCHREI NACH LIEBE

Bezugsrahmen: Ein Neonazi wird provokant angesprochen

Beispielverse:

… deine Springerstiefel sehnen sich nach Zärtlichkeit …

… unterm Lorbeerkranz mit Eicheln
weiß ich, schlägt dein Herz …

… zwischen Stöhrkraft und den Onkelz
steht ne Kuschelrock-LP …

Texte verbessern

Sollte es Ihnen nicht gelingen, einen ganzen Song aus einer einzelnen inhaltlichen Idee zu entwickeln, ist entweder der Bezugsrahmen nicht ideal oder zu eingeschränkt oder der Inhalt bietet nicht genug Möglichkeiten, um das Thema in Verse zu übersetzen.

In diesem Fall sollten Sie überlegen, ob sich der Bezugsrahmen aufteilen lässt. In GRIECHISCHER WEIN zum Beispiel sind zwei Bezugsrahmen enthalten:

»Die Gastwirtschaft« und

»Die Erinnerung der griechischen Männer an ihre Heimat«

Sie sind *eng miteinander verknüpft*, haben aber verschiedene Inhalte, entsprechend ihren Bezügen.

Es ist jedoch sinnvoller, sich konsequent auf einen Bezugsrahmen zu beschränken, statt einen zweiten, weniger interessanten aufzugreifen.

Hier ein Beispiel mit einem grandiosen Bezugsrahmen, der aber nicht konsequent für den Text genutzt wurde:

Sag mir was, ist bloß um uns gescheh'n
Du scheinst mir auf einmal völlig fremd zu sein
Warum geht's mir nicht mehr gut
Wenn ich in deinen Armen liege?
Ist es egal geworden, was mit uns passiert?

Symphonie
Und jetzt wird es still um uns
Denn wir steh'n hier im Regen
Haben uns nichts mehr zu geben
Und es ist besser, wenn du gehst
Denn es ist Zeit
Sich einzugesteh'n, dass es nicht geht
Es gibt nichts mehr zu reden,
Denn wenn's nur regnet
Ist es besser, aufzugeben

(Aus Symphonie; Text: Stefanie Kloss, Andreas Jan Nowak, Johannes Stolle, Thomas Stolle)

Schade, dass der wunderbare Bezugsrahmen »Unsere Liebesbeziehung war in guten Zeiten ein lautes, schönes Konzert«, der so viel Material für den Text geboten hätte, nicht voll genutzt wurde.

Der Inhalt »Ein Gespräch über das Ende einer Beziehung« wurde in den Strophen als weiterer Bezugsrahmen eingeführt. So wird zwar auch das Thema behandelt (»Unglück in der sich auflösenden Beziehung«), der Kontext ist aber nicht so überzeugend und führt zu austauschbaren Versen. Die Strophen und der Großteil des Chorus bestehen aus eher konventionellen und darum klischeehaft wirkenden Inhalten, die weniger zu Herzen gehen.

Prüfen Sie kritisch, ob Verse oder ganze Strophen Ihres Textes in anderen Liedern, die ein ähnliches Thema behandeln, verwendet werden könnten – ein Anzeichen für fehlende Originalität.

Drei praktische Schritte

1. Analyse des Bezugsrahmens
   Gibt es poetische und logische Bezüge untereinander?
   Sind die Sprachbilder und Inhalte dem Bezugsrahmen entnommen?

Führen Sie den Hörer auf eine »Gedanken-Bühne« und halten Sie ihn dort?
Entsteht aus der Kombination von Thema und Bezugsrahmen eine poetische Kraft, die das eine ohne das andere nicht entfalten könnte?
Nehmen wir noch einmal das Beispiel SYMPHONIE: Hier wird der poetische Rahmen »Liebe = lautes Konzert« zwar als Inhalt an wichtiger Stelle im Chorus eingesetzt, aber im übrigen Text nicht verwendet. Sobald Sie dies bei Ihrem Text feststellen, haben Sie die Chance, es zu ändern.

2. Weitere Ideen sammeln
Was fällt Ihnen zu den Stichworten »Konzert – Symphonie - glückliche Lautstärke – traurige Stille«, die sich aus dem Bezugsrahmen ergeben, ein? Vielleicht:
»Konzertsaal, Zuhörer, Orchester, Instrumente, Geigen, Noten, Komponist, Liebeserklärung mit großem Orchester, Filmmusik beim Kuss, kommunizierende Instrumente, Tonarten, Dur, Moll, Neunte Symphonie, An die Freude, Requiem, Konzertankündigungsplakate«.
Lassen Sie auch weit entfernte Assoziationen zu. Einige der Rohideen werden Ihnen spontan verwertbar vorkommen, bei anderen fehlt vielleicht noch der Zugriff, ob und wie Sie dieses Detail verwenden können. Spielen Sie mit den Worten, lassen Sie sich dadurch wieder auf neue Ideen bringen:
»Beim ersten Kuss erklangen Tausende von Geigen«
»Jetzt hat sich auch die letzte verstimmte Geige verabschiedet«
»Unsere Herzen waren die Dirigenten«
»Wo sind die wunderbaren Melodien geblieben, die ich gehört habe, als Du erste Mal gesagt hast ›Ich liebe dich‹?«
»Wir hören nur noch den Besen des Orchesterwarts«
»Ein Programmheft liegt zerrissen am Boden«
»Die Konzertplakate flattern vergilbt im Wind«
Oft lässt sich aus den Notizen schon eine inhaltliche Dramaturgie erkennen. Der inhaltliche und thematische *Kern* kann im

Chorus stehen. Chorus-Inhalt: »Wo früher unsere Liebe eine Symphonie war, ist jetzt nur noch Stille«. Die gedankliche Entwicklung, die Handlung, die konkreten Beispiele gehören in die *Strophen.*

3. Aufräumen
   Trennen Sie sich jetzt von falschen Bildern und Begriffen.
   Der »Regen« und das »allgemeine Miteinanderreden« haben in der verwendeten (nicht in den Bezugsrahmen eingebetteten) Form nichts mehr im Song zu suchen. Falls Sie das Reden und den Regen verwenden wollten, müssten Sie überlegen, welche Bezüge es zwischen den Begriffen und dem Bezugsrahmen geben könnte, also zum Beispiel »Wir reden nur noch, statt auf die Musik zu hören«, »Weil wir uns nur noch streiten, haben die Geiger aufgegeben«.
   Die Strophen könnten Sie inhaltlich aufteilen in
   »So war es früher – so klang die Symphonie«
   »So ist es heute – der Konzertsaal ist still«
   (Bridge) »Die Melodien kehren nicht wieder, lass uns lieber jeder für sich die Erinnerung an die schöne Musik genießen.«

4. Überarbeiten
   Jetzt können Sie sich an die konkrete Überarbeitung des Textes machen. Sie kennen den Rahmen, die emotionalen Bezugspunkte und die Inhalte der wichtigsten Songelemente Chorus und Strophen. Sie haben auch schon eine ganze Menge Notizen und Textfragmente, und Sie wissen vor allem, welche Richtung Ihre Gedanken bei der weiteren Ideen- und Verssuche einschlagen müssen.

ZUSAMMENFASSUNG:

- Songs werden durch ungewöhnliche Inhalte interessant und beim Hören »erlebbar«.
- Die poetische Kraft des Liedes ergibt sich daraus, dass Thema und Inhalt in Bezug zueinander gesetzt werden.
- Durch die Details des Bezugsrahmens soll das Thema dargestellt werden.

- Der Bezugsrahmen erzeugt erzählbaren Stoff, aus dem sich auch der Inhalt ergeben kann.

ÜBUNG:

- Hören Sie sich Ihre Lieblingslieder an und beschreiben Sie in wenigen Sätzen ihren Inhalt und den Bezugsrahmen. Machen Sie es schriftlich, um sich zu präzisen Aussagen zu zwingen.
- Zu Ihrem SONG X:
  Schreiben Sie in fünf Minuten einen kleinen Bericht für eine (fiktive) Kindersendung. Erklären Sie, worum es inhaltlich in dem Song gehen soll.
  Entwickeln Sie aus Ihrem Inhalt oder Ihren bisherigen Fragmenten einen Bezugsrahmen.

Haltung

Haben Sie sich schon einmal mit einem Menschen unterhalten, dem alles egal war, der keine Meinung zu dem Thema hatte, über das er redete? Es gibt kaum etwas Langweiligeres.

Genau das denkt Ihr Hörer, wenn Sie einen Songtext ohne persönliches Engagement schreiben. Ihre Einstellung zu dem, was Sie (be-)schreiben, macht Ihr Lied persönlich und spricht Ihre Hörer an.

Entscheiden Sie in der Entwicklungsphase, welche Haltung Sie zum Thema haben. Ihre persönliche Meinung beeinflusst, wie Sie sich zu einem Thema äußern – mit welchen *Zwischen-* und *Untertönen*. Ihre Hörer werden im Text danach suchen.

Vorsicht: Der Hörer kann nicht unterscheiden, ob die Haltung, die er dem Songtext entnimmt, Ihrer persönlichen Position entspricht oder ob Sie vielleicht »aus Versehen« oder um eines Reimes Willen eine Meinung ausdrücken. Der Hörer überträgt den Text und alle Aussagen darin auf den Sänger. Deswegen sollten Sie den Text immer wieder auf mögliche falsche Interpretationen überprüfen.

Hier haben etablierte Künstler einen Vorteil gegenüber unbekannten Sängern: Die Hörer haben bereits eine Vorstellung vom Image oder dem persönlichen Hintergrund des Sängers. So werden Songs von Herbert Grönemeyer anders bewertet als die eines unbekannten Sängers, weil die Hörer ihn und seine Haltung kennen und Teile seines Privatlebens durch Medienberichte bekannt sind. Denken Sie zum Beispiel an das persönliche Schicksal Grönemeyers und die (durch das Wissen darum) beeinflusste Wahrnehmung seiner neueren Songs wie MENSCH, DER WEG oder DER SIEBTE SINN.

Lassen Sie Ihren »fertigen« Songtext unbedingt, ohne ihn vorher zu kommentieren, von jemandem, der Ihnen nicht zu nahe steht, lesen und interpretieren. Stimmt dessen Eindruck von Inhalt und Haltung mit Ihrer Intention überein? Wenn nicht, fragen Sie nach, welche Textstellen ihn zu seiner Meinung gebracht haben.

Rechtfertigen Sie Ihren Text nicht – ändern Sie ihn. Denn Sie werden im Radio oder auf Ihrer CD keine Interpretation für Ihre Hörer hinzufügen können. Das Einzige, was Ihnen dabei hilft, den beabsichtigten Eindruck zu vermitteln, ist ein kritischer Hörer- und Leser-Test.

Vorsicht bei Ironie.
Ironie ist eine Quelle für Missverständnisse. Das beginnt beim Erkennen und Entschlüsseln von Ironie. Nur wenn der Hörer entweder die »wahre Meinung« des Sängers kennt oder wenn der Text überdeutlich vermittelt, dass es sich um Ironie handelt, sollten Sie es wagen, ironisch zu sein. Außerdem besteht die Gefahr, dass Sie sich durch eine ironische Haltung vom Thema distanzieren.

Ihre Haltung sollte eindeutig erkennbar sein. Prüfen Sie Ihren Textentwurf auf folgende Punkte, wenn Sie sich in Ihrer Haltung unsicher sind:

- *Was ist Ihre persönliche Position?*
- *Wie denken Sie über das Thema und den Inhalt?*
- *Was sagt Ihnen Ihr Gefühl?*
- *Bevorzugen Sie große Emotionen oder einen lakonischen Stil?*
- *Stehen Sie zu Ihrer Einstellung, oder sind Sie eher distanziert, selbstironisch und -kritisch?*

- *Wie sollten die beschriebenen Dinge verlaufen, damit Sie »im wahren Leben« zufrieden wären?*
- *Glauben Sie an eine »glückliche Fügung« der Dinge, oder sind Sie eher fatalistisch?*

BEISPIELE:

Songbeispiele und die vermittelte Haltung:

»Ich finde Neonazis peinlich und dumm.«
SCHREI NACH LIEBE

»Ich halte aggressive Militärs für beschränkt und gefährlich.«
99 LUFTBALLONS

»Ich werde melancholisch, wenn ich über verflossene Lieben nachdenke.«
CELLO

»Ich finde es gemein, wenn ich mit meiner Liebe abgewiesen werde, aber auch ganz lustig, wie ich mich in meinem Selbstmitleid dann aufführe.«
VOLLMOND

»Ich stehe zu meinem Selbstmitleid und möchte es mit anderen teilen.«
WENN DAS LIEBE IST

Wenn Sie beim Schreiben an den kommerziellen Erfolg denken, dann sollten Sie bei Ihrer Haltung genau überlegen, welche Gefühle Ihre Zielgruppe zu Thema und Inhalt haben könnte. Der so genannte *Zeitgeist* ist oft nichts anderes, als eine spezielle, derzeit »in der Luft« liegende Haltung zu gesellschaftlich aktuellen Themen.

ZUSAMMENFASSUNG:

- Die bewusste (oder unbewusste) Haltung des Texters zu einem Songtext zeigt sich in den Versen und macht den Text persönlich und interessant.

- Holen Sie Meinungen von anderen ein, um zu erfahren, welche Haltung nach deren Ansicht in Ihrem Text vermittelt wird.
- Ihre Haltung sollten Sie als persönliche Aussage formulieren.
- Vorsicht bei Ironie.

ÜBUNG:

- Hören Sie sich viele verschiedene Songs an und bestimmen Sie möglichst differenziert die Haltung des Sängers. Wählen Sie aber nicht nur Songs von Sängern aus, die Sie mögen.
- Formulieren Sie Ihre Haltung zu Thema und Inhalt Ihres SONGS X. Was wollen Sie zwischen den Zeilen sagen?
  Schreiben Sie zehn Minuten lang einen Brief, in dem der Song dem Texter berichtet, was er über seinen Inhalt zu sagen hat. (»Hallo, lieber Sänger, ich bin das neue Lied, an dem du schreibst. Was du in mir über die Menschen sagst, gefällt mir. Ich finde auch, dass …«)

Erzählperspektive

Schreiben Sie in der Ich-Form oder aus der Sicht eines Beobachters? Sprechen Sie jemanden direkt an, oder berichten Sie? Wenn Sie jemanden ansprechen: wozu? Was wollen Sie von ihm? Etwas erzählen, eine Haltung verändern oder eine Handlung auslösen? Oder ist das »Du« vielleicht nur eine lyrische Figur – im Sinne von »man«?

Egal welche Perspektive Sie wählen, in einem Songtext kann der Autor sich immer als allwissend verstehen, auch wenn er in der Ich-Du-Form jemandem einen »Brief« schreibt, könnte er die Gefühle der zweiten Person schildern, zum Beispiel: »Du bist einsam und traurig, weil dich niemand liebt«. Realistischer werden Texte allerdings, wenn Sie das *Verhalten* von anderen schildern und es dem Hörer überlassen, die *emotionale Lage* zu interpretieren. Beispiel: DU TRÄGST KEINE LIEBE IN DIR.

Viele Songs werden in der Ich-Form geschrieben. Sie sollten aber vorher wissen, ob Sie aus männlicher oder weiblicher Sicht schreiben. Rio Reiser zum Beispiel ist es in seinen Liebesliedern gelungen, geschlechtsneutral zu bleiben. Frauen und Männer können sich in seinen Songs sowohl mit dem Sänger als auch mit der angesprochenen Person im Lied identifizieren (STRASSE, FÜR IMMER UND DICH). Anders bei vielen Songs von Westernhagen, in denen es oft um konkret angesprochene Frauen geht (SEXY, TANZ MIT DEM TEUFEL, OH, GISELA, ...) oder um Frauen allgemein (WILLENLOS, ICH BRAUCH 'NE FRAU, ...).

Verschiedene Perspektiven ausprobieren

In jeder Phase der Entwicklung ist es sinnvoll, verschiedene Perspektiven durchzuspielen. Besonders dann, wenn Sie beim Schreiben nicht weiterkommen. Vielleicht wechseln Sie von der ersten Person in die neutrale Position. Oder Sie finden einen Ansprechpartner. Wenn Sie einen lyrischen Text ohne Bezugsperson schreiben, erfinden Sie jemanden, den Sie im Text ansprechen können.

Inhalt und Haltung bekommen neue Impulse, weil Sie eine andere Denkposition einnehmen müssen – so entstehen neue Ideen.

Bedenken Sie auch, welche Stellung der Hörer durch Ihre Erzählposition erhält. Der Hörer soll den Text wahrnehmen und sich emotional und intellektuell mit dem Inhalt beschäftigen. Bieten Sie ihm durch Ihren Text eine Projektionsfläche für seine eigenen Gedanken und Gefühlen.

Gehen Sie bei der Änderung der Perspektive immer *den ganzen* Text durch. Achten Sie darauf, was sich grammatikalisch und logisch alles verändern kann, zum Beispiel:

- *Personalpronomen:* *ich, du, wir, ihr ...*
- *Possessivpronomen:* *mein, dein, sein, unser, euer ...*
- *Reflexivpronomen:* *mir, mich, dir, dich, ihm ...*

Sie können über die grammatikalischen Veränderungen die Erzählperson austauschen, also zum Beispiel von »neutral« zu »ich«, oder die Dramaturgie verändern, wenn Sie den Song nicht mehr aus der Sicht Ihres bisherigen Protagonisten schreiben. Fragen Sie sich auch, ob die neue Ich-Figur dasselbe wissen und empfinden kann wie die vorherige?

Angenommen Sie schreiben über Ihre Wohnung und was Sie in ihr schon alles erlebt haben. Sie kommen in der Form »Ich und meine Wohnung« nicht weiter, dann schreiben Sie den Text probeweise um und wechseln den Erzähler: Versetzen Sie sich in die Rolle der Wohnung, die Sie zur Ich-Person machen. Sie selbst könnten sich jetzt als Bewohner entweder als zweite Person schildern (»Ich und mein Bewohner«), oder die Wohnung spricht ihren Bewohner in der Du-Form an (»Was machst du da in meinen Räumen?«). Dadurch ergeben sich neue Einsichten, Wahrnehmungen und Bilder.

Oder nehmen Sie ein Liebeslied, das eine ganz andere Anmutung bekommt, wenn nicht der Ich-Erzähler seine Angebetete als Du anspricht, sondern beide Figuren neutral von einem Beobachter, zum Beispiel dem Barmann, geschildert werden.

Die reine Ich-Form

In der Ich-Form beschreibt der Autor seine eigenen Gedanken, Gefühle und Wahrnehmungen, aber auch andere Menschen, die er beobachtet, im Text aber nicht direkt anspricht.

Vergleichen ließe sich dies mit einem Tagebucheintrag oder einem Prosatext, in dem ein Ich-Erzähler von sich erzählt.

Song-Beispiele: ÜBER DEN WOLKEN, LOCH IM TAG, AM FENSTER, EVELIN.

Die Ich-Form mit Ansprechpartner

Hier schildern Sie ebenfalls Persönliches und sprechen zusätzlich einen fiktiven Partner in der Du-Form an, etwa wie in einem Brief oder Monolog. Dies ist die vermutlich am häufigsten verwendete Erzählperspektive, sie ist auch in den meisten Liebesliedern zu finden.

Diese zweite Person kann ein gegenwärtiger, ehemaliger oder künftiger Liebespartner, Bekannter, Freund, Fremder, Feind oder Elternteil sein. (Auch Gegenstände oder Abstrakta können so angesprochen werden, wodurch sie personalisiert werden.)

Der Songhörer wird dadurch zum Gesprächzeugen. Ist der Text gelungen, kann sich der Hörer entweder mit dem Sänger (»Das könnte ich so auch jemandem sagen.«) oder mit dem Angesprochenen (»Ich wünschte, mir würde das auch mal jemand sagen.«) identifizieren. Stellen Sie sich beim Schreiben vor, dass Ihnen der Mensch, der gemeint ist, unmittelbar zuhört, aber vergessen Sie nicht, dass andere den Text auch verstehen wollen.

Die Ansprache der Du-Person kann sich zum Beispiel mit der gemeinsamen Beziehung, einer Art Abrechnung, einer Aufforderung zum Handeln beschäftigen, oder es ist die klassische Liebeserklärung.

Beispiele: ICH GUCKE NUR, WENN DU NICHT GUCKST, VOLLMOND, UND WENN EIN LIED, STRASSE, DU TRÄGST KEINE LIEBE IN DIR, GEILE ZEIT.

Die Ansprache der Du-Person kann aber auch beiläufig erfolgen, so als würden Sie der anderen Personen etwas erzählen, ohne sie in den Inhalt einzubinden oder sie zu etwas aufzufordern.

Beispiele: STATUS: QUO VADIS, WIE TIEF KANN MAN SEHEN.

Natürlich kann mit dem Du auch der Hörer des Liedes gemeint sein, das ist jedoch selten.

Beispiel: 99 LUFTBALLONS.

Du-Form ohne Ich-Position

Sie können eine Person ansprechen, ohne sich in der Ich-Position zu erwähnen, dadurch bekommt der Text eine universellere Anmutung. Allerdings kann es dann nicht mehr um eigene Gefühle gehen, sondern nur um die der Du-Person.

Beispiele: WAS HAT DICH BLOSS SO RUINIERT, SCHREI NACH LIEBE – mit einer winzigen Ausnahme.

In einer besonderen Form dieser Variante, sprechen Sie eine Du-

Person an, meinen damit aber »Ich«. WAS HAT DICH BLOSS SO RUINIERT ließe sich zum Beispiel so interpretieren. Denken Sie in einem solchen Fall unbedingt daran, dass keine zusätzliche Ich-Person auftaucht, weil Sie sonst den Hörer verwirren.

Das »Du« im Sinne von »man«

Der Autor meint mit »Du« keine spezielle Person, sondern das allgemeine Publikum, für das die Aussage gelten könnte (»Du schuftest den ganzen Tag, und was ist der Lohn?«).

Diese indirekte Möglichkeit zur Identifikation unterstützt die emotionale Ansprache des Hörers, wenn er spürt, dass nicht nur die Allgemeinheit, sondern auch er persönlich gemeint ist.

Im folgenden Beispiel wird die Du-Form im ganzen Text nur einmal verwendet.

Du löschst grad noch eine Kerze
Doch nicht ein großes Feuer
Springt die Flamme einmal über
Treibt der Wind sie immer höher

Oh Biko, Biko, because Biko
...

Und alle, alle seh'n euch jetzt
seh'n euch jetzt
seh'n euch jetzt
sie sind da
wir sind da

(Aus BIKO; Text: Peter Gabriel; Deutsche Fassung: Horst Königstein)

Plural-Formen

Wie am Schluss von BIKO klingt die Pluralposition in einem Text immer nach einer großen Zahl Menschen. Verwenden Sie diese Perspektive, wenn Sie eine Gruppe als Einheit sprechen lassen wollen: wir Frauen, wir Männer, wir von unserer Partei, unserem Fußballverein. Oft findet man das »Wir«, wenn »unsere Generation« spricht.

Dem »Wir« wird dann häufig noch das »Ihr« gegenüber gestellt, um zum Beispiel *Rivalitäten* und Gegensätze aufzuzeigen. Dadurch können aber auch leicht Fronten und eine gewisse Opfer- oder Täter-Konstellation entstehen:

Sie wollen uns erzählen
sie hätten eine Seele

(Aus: SIE WOLLEN UNS ERZÄHLEN
Text: Dirk von Lowtzow, Jan Klaas Nüller, Arne Zank)

Der neutrale Erzähler

Wenn weder eine Ich- noch eine Du-Person im Songtext auftaucht, erscheint die Situation als neutral. Der Sänger wird zum Geschichtenerzähler. Persönliche Kommentare können Sie nur indirekt abgeben.

Das folgende Beispiel hat im Aufbau etwas Ähnlichkeit mit einer Romantic Comedy. Der Erzähler schildert zunächst die beiden künftigen Partner einzeln, sie lernen sich kennen und erleben etwas gemeinsam.

TAGE WIE DIESER
(Text: Bernie Conrads)

Sein Kopf tat ihm noch von gestern weh
Er las die Zeitung in seinem Stammcafé
in der Stadt wollte er sich ein paar Socken besorgen
na ja, dachte er, das mach ich übermorgen

alles war genau wie immer
er hatte nicht den leisesten Schimmer

Ihre Lieblingsfarben waren blau und violett
sie schlief gern lange und frühstückte im Bett
sie dachte an eine Schlankheitskur
da hörte sie den Briefträger auf dem Flur

das E-Werk schickte die zweite Mahnung
auch sie hatte keine blasse Ahnung

> Am Morgen sah alles völlig anders aus
> Tage wie dieser hingen ihm zum Halse raus
> doch dann änderte sich an diesem Tag mit einem Schlag
> für ihn die ganze Welt
> und eine Ewigkeit war wieder mal vorbei

Sie stand vorm Supermarkt, die Einkaufstüte voll
sie hatte mehr reingestopft, als man soll
der Henkel riss ab, alles fiel auf den Boden
Kartoffeln, Tomaten und Paprikaschoten

Sie stand zwischen all den Sachen
und schwankte zwischen weinen und zwischen lachen

Er sah die Kartoffel, die auf die Straße rollte
überlegte sich noch, ob er sie aufheben sollte
er bückte sich und er wunderte sich sehr
ein paar Tomaten kamen da noch hinterher

er wollte noch unauffällig weitergehen
zu spät, sie hatte ihn schon gesehen

> Am Morgen sah alles völlig anders aus
> Tage wie dieser hingen ihm zum Halse raus
> doch dann änderte sich an diesem Tag mit einem Schlag
> für ihn die ganze Welt
> und eine Ewigkeit war wieder mal vorbei

Er war verlegen, jemand lachte sehr laut
und rief »Fräulein der da, der hat was geklaut«
er wurde knallrot, fing an zu stammeln
dann half er die Kartoffeln wieder aufzusammeln
Sie stopften sie in ihre Taschen rein
und er lud sie um die Ecke zum Kaffee ein

Am Morgen sah alles völlig anders aus …

Ein weiteres Beispiel dieser Art ist POLYESTERLIEBE.

Eine neutrale Position können Sie auch einnehmen, wenn Sie nicht erzählen, sondern Situationen oder Dinge lyrisch beschreiben. Sie müssen dann die Stimmung durch die äußerliche Schilderung, durch atmosphärische Bilder und deren neuen Zusammenhang erzeugen. Weil der Hörer dann seinen eigenen Assoziationen folgt und seine eigenen emotionalen Bewertungen vornimmt, entsteht ein stärkerer Eindruck als bei einer direkten Gefühlsdarstellung. Beispiel:

ÜBERHAUPT NICHTS MEHR
(Text: Masen Abou-Dakn)

'ne Fliege kriecht über den Tellerrand
und vergisst, wo sie grade eben noch Zucker fand
eine Rose verschrumpelt auf'm Fensterbrett
ein Bild verblasst überm Kinderbett
ein Schmetterling döst, er fühlt sich bereit
und schweigend verklebt ihn die Zeit

es passiert überhaupt nichts mehr
es passiert überhaupt nichts mehr
'ne Sekunde noch - und die ist so lang, wie sie will
'ne Sekunde noch - und dann steht die Zeit einfach still

ein Kuchen schimmelt pelzig vor sich hin
im fleckigen Glas verdunstet ranziger Gin

ein dunkler Fleck auf der Blumentapete
ein zerrissenes Buch voller sinnloser Gebete
'ne Spinne verwest im Netz auf'm Flur
und langsam verhungert 'ne Uhr

es passiert überhaupt nichts mehr
es passiert überhaupt nichts mehr
'ne Minute noch - und die ist so lang, wie sie will
'ne Minute noch und dann steht die Erde still

'ne Fliege kriecht über den Tellerrand
und vergisst, wo sie grade eben noch Zucker fand
ein Tropfen trocknet am Wasserhahn
im Schrank verrostet ein Spielzeugkran
die Fliege fliegt los vom Tellerrand
und schafft es nicht mal bis zur Wand

es passiert überhaupt nichts mehr
es passiert überhaupt nichts

Wechsel der Erzähl- und Ansprechperspektiven

Sie können im selben Song mit verschiedenen Erzählperspektiven arbeiten. Achten Sie aber darauf, ob der Hörer eine Chance hat, die Wechsel mitzumachen, und ob der Wechsel dramaturgisch sinnvoll ist. Testen Sie Ihren Text, indem Sie ihn einem Probehörer vorlesen.

Wenn Sie einen Text zum Beispiel für ein Gesangsduo schreiben, ist es selbstverständlich, dass Sie verschiedene Ich-Positionen wählen können. Ein einzelner Sänger wird aber normalerweise die Stimme innerhalb des Songs nicht stark verändern. Ein glaubwürdiger Positionswechsel wie in Cat Stevens' Klassiker FATHER AND SON gelingt nicht immer und kann schnell ungewollt kabarettistisch wirken.

Ich-Form / neutrale Position

Relativ häufig ist diese Variante in der Form, wie sie in ÜBER DEN WOLKEN auftaucht: Strophen in der Ich-Form, Chorus in der neutralen Position.

Dadurch betonen Sie den hinführenden, erzählenden Charakter der Strophe und den allgemeingültigen des Kernsegments Chorus. Der Positionswechsel ist problemlos, da keine neue Figur eingeführt wird. Die Funktion des Chorus als Resümee oder Kommentar ist dem Hörer geläufig.

Auch die umgekehrte Variante ist möglich, wie zum Beispiel in ZEHN KLEINE JÄGERMEISTER: Strophen in der neutralen Position, Chorus in der Ich-Form.

Verschiedene Ansprechpartner

GUTEN TAG wird in der Ich-Position erzählt, jedoch ändern sich die direkten Ansprechpartner: Strophe I erst »Du/Dein«, dann »Ihr/Eure«. Strophe II hat keinen Ansprechpartner, im Chorus gibt es eine Gruppe (»euer Leben«)

Wechsel der Ich-Figur

GRIECHISCHER WEIN ist, was die Erzählperspektiven betrifft, besonders komplex. Alle Teile werden in der Ich-Form erzählt. Strophe I und II: Ich-Form aus der Sicht des Sängers ohne direkten Ansprechpartner, Chorusse: Ich-Form aus der Sicht eines der Griechen, Strophe III und IV: Ich-Form aus Sänger-Sicht ohne direkten Ansprechpartner, aber er zitiert die Griechen.

Wechsel der Fokusfigur

TAGE WIE DIESER wird ganz aus der neutralen Erzählerperspektive geschildert. Die einzelnen Strophen wechseln aber jeweils zwischen dem Mann und der Frau. Strophe I und III: Er, Strophe II und IV: Sie,

Strophe V: beide. In den Chorussen liegt der Fokus auf dem Mann, das macht ihn zur zentralen Figur der Geschichte.

ÜBUNG:

- Schreiben Sie TAGE WIE DIESER in einen Mann/Frau-Duo-Song um, indem Sie die Ich-Formen einsetzen. Der Chorus sollte für beide singbar sein. Schreiben Sie ihn also entweder neutral oder in einer Wir-Form.
- Spielen Sie Ihren SONG X in verschiedenen Perspektiven und mit unterschiedlichen Ansprechpartnern durch. Für welche Variante oder Kombination entscheiden Sie sich?

Zwei fiktive Beispiele zur Song-Entwicklung

Fallbeispiel A

Thema

Sie haben ein Thema im Sinn, über das Sie gerne einen Liedtext schreiben würden: »Man fühlt sich schrecklich hilflos, wenn die eigene Liebe von der Angebeteten nicht erwidert wird.«

Sie haben noch keine Vorstellung, wie Sie dieses Thema erzählen wollen, welchen Inhalt Sie dem Songtext geben wollen.

Sie schreiben alles, was Ihnen zu dem Thema einfällt, auf. Sie nehmen sich vor, jede Selbstkritik zu unterlassen. Beginnen Sie mit Angst, Unsicherheit, keine Ruhe finden, sich betrinken, mit einem Kumpel in der Kneipe herumhängen, der Frau Briefe schreiben, sie immer wieder um ein Gespräch bitten, ihr Blumen schenken, sich zum Trottel machen. Ihr Gedankenfluss kommt ins Stocken, Sie lesen sich die Liste wieder durch. Was könnte noch passieren? Was fällt Ihnen dazu noch ein?

Sie haben irgendwann eine lange Liste und lassen alles auf sich wirken. Dann wählen Sie die Ideen aus, die Sie am meisten inspirieren.

Inhalt

Angenommen Sie wissen, wie die Geschichte beginnen könnte, in welchem Setting sie spielen soll, zum Beispiel: »Ein Mann zieht betrunken durch nächtliche Straßen und klagt über sein Unglück in der Liebe.«

Haltung

Ihre Haltung dazu ist Ihnen klar: »Ich finde mich bedauernswert, wenn ich mit meiner Liebe abgewiesen werde, aber es hat auch etwas Komisches, wie ich mich in meinem Selbstmitleid aufführen kann.«

Verse

Fallen Ihnen bereits einige Verse dazu ein? Notieren Sie sich alles:
»Hör mir einfach nur zu.«
»Versprochen: Ich mache sie glücklich.«
»Ich schleiche durch die Nacht/du hast mich so weit gebracht.«
»Du willst mich nicht/was soll ich bloß machen/ich will nicht mehr weinen/ein Kasten Bier bringt mich zum Lachen.«
...

Weitere Ideen

Sie kommen nicht so recht weiter, Sie denken in verschiedene Richtungen und notieren sich alle Einfälle: »Nacht, einsam, betrunken, unglückliche Liebe, Stille in den Straßen, alle Freunde sind schon schlafen gegangen, Selbstgespräch, die Bürgersteige sind hochgeklappt, der Mond scheint, aus den Fenstern hört man die Fernseher quasseln«.

Sie haben ein Bild vor Augen: Mitten in der Nacht ist der einzige Gesprächspartner eines einsamen, betrunkenen Mannes der Mond: »Was könnte der Mann dem Mond alles erzählen?« und »Welche Eigenschaften werden dem Mond zugeschrieben?«.

Erzählperspektive

So kommen Sie darauf, dass der Verliebte den Mond bitten könnte, mit seiner magischen Kraft auf die Geliebte Einfluss zu nehmen. Also wählen Sie eine neue Erzählperspektive: »Ich spreche mit dem Mond.«

Neuer Inhalt

»Ein betrunkener Mann bittet den Mond darum, ihm bei der Eroberung seiner Geliebten zu helfen.«

Verse, Chorus

Nun geht es im Detail darum, wie Sie die einzelnen Verse formulieren, so dass Sie einen – vielleicht mitsingbaren – Chorus finden, und wie Sie in der Geschichte verschiedene Akzente, Farben, Themennuancen und Perspektivwechsel einbauen. Sie schreiben möglichst viel Material dazu, sortieren es, wenn nötig, immer wieder neu und lassen die Ergebnisse zwischendurch einige Zeit liegen.

Textfragmente

Sie schauen sich die bisher entstandenen Textfragmente an und lassen sich den Songinhalt und Songfilm vor Ihrem inneren Auge immer wieder durch den Kopf gehen. Sie legen einen Notizblock neben das Bett, um alles, was aus Ihrem Unbewussten auftaucht, sofort zu notieren. Sie überarbeiten die Inhalte, Textblöcke und Verse so lange, bis Sie zufrieden sind.

Kritik

Sie lassen den Text von einem Menschen lesen, der Ihre Arbeit respektiert, Ihnen aber persönlich nicht zu nahe steht, und bitten ihn um seine Meinung, Kritik und Anregungen. Anschließend überarbeiten Sie den Text erneut, bevor Sie sich schließlich festlegen. Beenden Sie die Arbeit, bevor der Songtext Ihnen aus den Ohren herauskommt.

So oder so ähnlich könnte Herbert Grönemeyer VOLLMOND entwickelt haben:

> Du bist voll, ich bin es auch
> begoss den Kummer tief unten in meinem Bauch
> der Tag ist gemein, nur die Nacht ist lieb
> schleich um ein und's andere Haus, gerade wie der letzte Dieb
> versuch schon lange, mir ihr Herz zu klauen
> …

Vollmond, setz mich ins rechte Licht
Vollmond, du weißt, sie will mich nicht
leucht ihr ins Gewissen
mach mir ‚nen Heiligenschein
ich kann sie nicht mehr missen
beeil dich, mach sie mein
Vollmond, ich bin so allein

(Aus: VOLLMOND; *Text: Herbert Grönemeyer)*

Fallbeispiel B:

Erste Verse

Sie haben gerade einen poetischen Einfall und schreiben einen kurzen Vierzeiler, der ein lyrisches Bild Ihrer Stimmung beschreibt – ein paar erste Verse.

Ich fühl mich eingesperrt
Als Kaktus in einem Gewächshaus
Meine Stacheln werden zu Blüten
Wieso konnten sie damit nicht noch warten?

Thema

Später formulieren Sie Ihre Stimmung etwas genauer, so dass Sie auf ein Thema kommen. »Das Leben geht nicht immer den Weg, den es gehen könnte.«

Inhalt

Sie sammeln weitere Ideen zu diesem Thema, Ihren ersten Zeilen, und entwickeln den Inhalt weiter: »Ein Mensch denkt darüber nach, wieso es ihm so verdammt schlecht geht und wer daran schuld ist.«

Neue Verse

Nachdem Sie einige weitere Zeilen geschrieben haben und sich vielleicht neue Versmaße ergeben haben, formulieren Sie einen griffigen Vers in Frageform: »Wieso habe ich mein Leben nur so ruiniert?«

Perspektive

Dann fällt Ihnen auf, dass die Ich-Perspektive zu sehr nach Selbstmitleid klingt. Sie möchten mehr Abstand und es neutraler von außen betrachten. Deshalb probieren Sie es mit einer neutralen Erzählersicht und einem Du-Ansprechpartner. Neue Verse entstehen:

Sie waren zu dumm, um zu verstehen
Wovon er erzählt hat
Wollten sie die Wahrheit rauben
Und ihn einsperren
In ihren Kaktusgarten
Konnten sie damit nicht warten?
Wo fing das an
Was ist passiert?
Wie hat das sein Leben so sehr ruiniert?

Haltung

Sie schreiben weitere Verse, bis Sie feststellen, dass Sie eigentlich der Meinung sind: »Man müsste den Menschen, der sich so von seinem Leben abbringen lässt, weder verurteilen noch bemitleiden, sondern wachrütteln.«

Perspektive

Mit anderen Worten: Sie haben Ihre Haltung zu dem Thema geändert und überlegen sich nun, wie Sie den Inhalt anpassen können. Sie kommen darauf, dass Sie diesen Menschen direkt ansingen müssen. Sie ändern Ihre Verse entsprechend, ergänzen die Strophen und den Chorus.

So könnte der Text WAS HAT DICH BLOSS SO RUINIERT von »Die Sterne« entstanden sein.

WAS HAT DICH BLOSS SO RUINIERT

(Text: Julius Block, Christoph Leich, Frank Spiller, Frank Will)

Warst du nicht fett und rosig
Warst du nicht glücklich

Bis auf die Beschwerlichkeiten
Mit anderen Kindern streiten
Mit Papa und Mama

Wo fing das an und wann
Was hat dich irritiert
Was hat dich bloß so ruiniert

Dass sie nicht zuhören wollten
Oder nichts glauben
Waren sie dumm
Zu dumm, um zu verstehen

Wovon du erzählt hast
Wollten sie die Wahrheit rauben
Und dich einsperren
In ihren Kaktusgarten,
Konnten sie damit nicht warten?

Was hat dich bloß
Was hat dich bloß
Was hat dich bloß so ruiniert

Wo fing das an
Was ist passiert
Hast du denn niemals richtig rebelliert
Kannst du nicht richtig laufen
Oder was lief schief
Und sitzt die Wunde tief
in deinem Innern
Kannst du dich nicht erinnern
Bist du nicht immer noch
Gott weiß wie privilegiert

Was hat dich bloß so ruiniert
Was hat dich bloß so ruiniert

6

WIE WIRD AUS WORTEN EIN SONGTEXT?

Zu Beginn eine Übung: Welche Stilmittel fallen Ihnen bei folgendem Text auf? Achten Sie bitte nicht auf den Inhalt, sondern auf die Form.

GRIECHISCHER WEIN

(Text: Michael Kunze)

Es war schon dunkel, als ich durch Vorstadtstraßen heimwärts ging
Da war ein Wirtshaus, aus dem das Licht noch auf den Gehsteig schien
Ich hatte Zeit und mir war kalt, drum trat ich ein

Da saßen Männer mit braunen Augen und mit schwarzem Haar
Und aus der Jukebox erklang Musik, die fremd und südlich war
Als man mich sah, stand einer auf und lud mich ein

Griechischer Wein
Ist so wie das Blut der Erde
Komm schenk dir ein
Und wenn ich dann traurig werde
Liegt es daran
Dass ich immer träume von daheim
Du musst verzeihen

Griechischer Wein
Und die alt vertrauten Lieder
Schenk noch mal ein
Denn ich fühl die Sehnsucht wieder
In dieser Stadt
Werd ich immer nur ein Fremder sein
Und allein

Und dann erzählten sie mir von grünen Hügeln, Meer und Wind
Von alten Häusern und jungen Frauen, die alleine sind
Und von dem Kind, das seinen Vater noch nie sah

Sie sagten sich immer wieder, irgendwann geht es zurück
Und das Ersparte genügt zu Hause für ein kleines Glück
Und bald denkt keiner mehr daran, wie es hier war

Griechischer Wein
Ist so wie das Blut der Erde
Komm schenk dir ein
Und wenn ich dann traurig werde
Liegt es daran
Dass ich immer träume von daheim
Du musst verzeihen

Griechischer Wein
Und die alt vertrauten Lieder
Schenk noch mal ein
Denn ich fühl die Sehnsucht wieder
In dieser Stadt
Werd ich immer nur ein Fremder sein
Und allein

Vielleicht fällt Ihnen noch mehr auf, wenn Sie diesen Text mit der folgenden Variante vergleichen:

TRINK NOCH EINEN

Es war kühl auf meinem weiten Weg nach Hause,
darum bin ich noch in eine Kneipe eingekehrt.
Sie war voller Leute, die, so wie sie aussahen,
vermutlich Südländer waren.
Sie waren sehr nett und luden mich auf ein Gläschen Wein ein,
der aus ihrer Heimat Griechenland kam.
Beim Trinken wurden die Menschen sehr melancholisch,

weil sie sich nach ihrer Heimat sehnten.
Sie haben hier nicht viele Freunde
und fühlen sich nur als Fremde.

Analysieren wir die Form, fällt Folgendes auf:

- Der Autor von GRIECHISCHER WEIN schreibt in Textblöcken mit *gleich bleibend langen, rhythmisierten Zeilen*, bei den Versen ist eine Metrik erkennbar.
- Er verwendet Reime.
- Er arbeitet mit verschiedenen Formen der *Wiederholung*. In den verschiedenen Segmenten wiederholen sich die Reimstruktur und die Metrik. Zusätzlich gibt es wörtliche Wiederholungen – zwei Textblöcke werden komplett wiederholt.

Dies sind auch die drei formalen Hauptkriterien, die Terry Cox heranzieht, um zu erklären, wie aus Worten ein Songtext entsteht: »Die zwei wichtigsten handwerklichen Stilmittel, durch die Worte zu einem Songtext werden, sind *Reim* und *Metrik*. Beide sind darauf angewiesen, *wiederholt* zu werden, damit ihre Struktur und Form etabliert werden kann. Dadurch wird ein Songtext singbar und einprägsam.«

Ein Gegenbeispiel: Im Prinzip lässt sich jeder Text *irgendwie* vertonen. Eine Melodie kann auf jeden Text gefunden werden. Probieren Sie es: In TRINK NOCH EINEN gibt es keinen Reim, keine feste Metrik und keine Wiederholung. Singen Sie sich den Text in einer spontan erfundenen Melodie laut vor.

Das Ergebnis der Vertonung eines solchen Textes klingt ganz sicher nicht nach Popsong, eher nach zeitgenössischer Oper. Das ist leicht zu erklären: In modernen Opernlibretti werden diese drei Song-Kriterien meist vermieden – vermutlich um sich als »ernste« Kunstform von »unterhaltenden« Songs abzuheben.

Selbstverständlich gibt es auch Ausnahmen, auf die wir hier auch eingehen werden, aber je mehr Sie sich mit den Möglichkeiten von Reim, Rhythmus und Wiederholungen beschäftigen, umso leichter wird es Ihnen fallen, diese Stilmittel zu gebrauchen.

7

RHYTHMUS, METRIK

Je öfter Sie Songtexte schreiben und vertonen (lassen), umso sicherer wird Ihr Gefühl für die *Sprachmelodie der Verse*. Dabei geht es (in der Schreibphase) nicht um die Töne, die später einmal auf die Silben gesungen werden, sondern um die *rhythmische Struktur*.
Die Noten einer Melodie haben Takte, die in Schläge (Beats) unterteilt sind. Ein 4/4-Takt zum Beispiel kann in 4 Viertel, 8 Achtel, 16 Sechszehntel usw. unterteilt werden, ¾-Takte entsprechend in 3, 6, 12 … Einheiten. Wir singen in den meisten Fällen pro Silbe einen Ton, es gibt aber zum Beispiel im Soul oder R&B auch die Möglichkeit, eine Silbe durch Verzierungen auf mehrere Töne zu verteilen.
Diese 3, 4, 6, 8, 12 oder 16 Noten werden in gewichtete (schwere) Positionen und ungewichtete (leichte) unterteilt.

3: x _ _ (also 1 schwer, 2 und 3 leicht)
4: ’x _ x _ (1 besonders schwer, 3 schwer, 2 und 4 leicht)
6: x _ _ x _ _
8: ’x _ x _ ’x _ x _
12: x _ _ x _ _ x _ _ x _ _
16: ’x _ x _ ’x _ x _ ’x _ x _ ’x _ x _

Beim Schreiben von Versen geht es darum, welche rhythmische Vorgabe man für die spätere Melodie anbietet, also wie viele Töne in den Takten in welcher betonten und unbetonten Reihenfolge zum Vertonen zur Verfügung stehen.

Betonte Silben sollten immer auf schweren Positionen im Takt landen, unbetonte auf leichten. Zusätzlich liefern wir damit eine melodische Basis, weil sich die natürliche Sprachmelodie mit ihren Höhen und Tiefen in einer gelungenen, die Textverständlichkeit unterstützenden Vertonung wiederfinden sollte.

Beim Aufsagen oder Singen von Versen ergibt sich aus der natürlichen Sprache heraus durch betonte und unbetonte Silben sowie durch Sprechpausen ein Sprachrhythmus, auch wenn er vielleicht in einer ersten Version noch nicht als regelmäßig empfunden wird. Achten Sie darauf, wie Sie durch Wortumstellungen, Umformulierungen, Hinzufügungen und Streichungen den Rhythmus beeinflussen können.

Worte und Sätze werden auf ihre metrische Struktur hin analysiert: Welche Silben werden betont gesprochen und welche weniger betont? Die Metrik der Verse bestimmt, wie die Silben auf betonte oder unbetonte Stellen in den Takten verteilt werden können, wobei die Betonungen und Nicht-Betonungen je nach Melodie und Groove variieren können. Der erste Beat eines Taktes ist immer betont, so dass Sie das erste Hauptgewicht Ihres Verses als Basis für den weiteren Verlauf nehmen können.

Singen oder sprechen sich Verse besonders flüssig, nennt man das einen guten *Flow* (was besonders im Sprechgesang der Rappper deutlich wird).

Sie können eine einmal geschriebene Metrik auch auf neue Worte übertragen, also eine Metrik kopieren. Die Verse der zweiten Strophe können metrisch genauso geschrieben sein, wie die der ersten Strophe. Von einer identischen *Metrik* zweier Verse spricht man, wenn sie die gleiche *rhythmische Struktur* und damit auch die gleiche *Verslänge* aufweisen.

Gehen Sie immer von der *natürlichen* Sprache aus, die Rhythmik eines Verses ergibt sich aus dem normalen, ungekünstelten Fluss der Sprache.

Praxis: Das Texten von Melodien

Songtexte müssen leicht zu singen sein, Sprache und Melodie sollten eine Einheit bilden, und zwar unabhängig davon, ob der Text zuerst entstand und eine Melodie dafür komponiert wurde, oder ob für eine Melodie ein Text geschrieben wurde. Egal ob Sie den Text selbst vertonen oder nicht, stellen Sie sich einfach während des Schreibens ein

Tempo vor, in dem der Song gesungen werden könnte, und erfinden Sie schon zu Ihren Textfragmenten eine vorläufige Melodie oder einen Sprechrhythmus.

- *Durch die Aufteilung in betonte und unbetonte Silben können Sie mit Ihren Versen viele verschiedene gleichmäßige oder ungleichmäßige Rhythmen bilden.*
- *Oder Sie übernehmen von einer bestehenden Melodie unterschiedliche Rhythmen.*
- *Singen oder sprechen Sie sich ihren Text immer wieder vor.*
- *Passagen, bei denen Sie glauben, dass es noch an Rhythmik und Melodie fehlt, füllen Sie lautmalerisch mit »La-la«, »Schu-bi-du-bi« oder irgendwelchen (inhaltlich sinnlosen, aber metrisch passenden) anderen Worten, bis Ihnen der richtige Text dazu einfällt. Herbert Grönemeyer sagt zu solchen Platzhaltertexten »Bananentext«.*
- *Vergleichen Sie die einzelnen Strophen miteinander.*
- *Glätten Sie Stolperstellen, indem Sie die Worte solange austauschen, bis sich die Melodie an dieser Stelle stimmig anfühlt.*
- *Sollten Sie Schwierigkeiten haben, auf Ihre ersten Verse eine Melodie zu finden, achten Sie darauf, wo Sie eventuelle Pausen einbauen müssen.*
- *Probieren Sie auch einmal einen anderen Rhythmus aus. Ein Text, der im 4/4-Rhythmus holperig wirkt, kann sich in einem 3/4-Takt gut anhören.*
- *Halten Sie an besonders betonten Stellen und zum Beispiel auf langen Vokalen die Töne länger und achten Sie darauf, wie es auf das rhythmische Gefüge des Verses wirkt.*
- *Bleiben Sie bei der korrekten sprachlichen und inhaltlichen Silbenbetonung.*
- *Achten Sie auf unbetonte Auftakte. Wo genau beginnt der Hauptteil der Melodie? Bei GRIECHISCHER WEIN zum Beispiel im ersten Vers bei »dunkel«. »Es war schon« ist dementsprechend ein Auftakt. Probieren Sie unterschiedliche Auftakte aus.*
- *Für »Nur-Texter«: Vergessen Sie »Ihre« Melodie, wenn Sie die Arbeit am Text beendet haben, sonst kann es zu Spannungen mit dem Kom-*

ponisten kommen. Jeder Text lässt sich mit völlig unterschiedlichen Melodien vertonen.
– *Übrigens: Sie können sich vom Sprachrhythmus fremder Songs inspirieren lassen und neue eigene Verse daraus entwickeln.*

Metrik analysieren

Sehen wir uns noch einmal die ersten beiden Zeilen der ersten beiden Blöcke von GRIECHISCHER WEIN an:

Es war schon dunkel, als ich durch Vorstadtstraßen heimwärts ging
Da war ein Wirtshaus, aus dem das Licht noch auf den Gehsteig schien …

Da saßen Männer mit braunen Augen und mit schwarzem Haar
Und aus der Jukebox erklang Musik, die fremd und südlich war …

Die Zeilen wirken beim Lesen zwar unterschiedlich lang, sie sind aber metrisch identisch, sie besitzen die gleiche Verslänge von 15 Silben und den gleichen Sprechrhythmus.

Wenn Sie die Melodie des Liedes kennen, ist die metrische Übereinstimmung leicht nachzuvollziehen. Alle Zeilen sind exakt auf dieselbe Melodie singbar. Und darum geht es ja bei der Metrik. Umgekehrt besteht eine Melodie immer aus betonten und unbetonten, gewichteten und weniger gewichteten Tönen. Deshalb entsteht beim Singen der Texte zwangsläufig eine Rhythmik.

Solange Sie Texte nicht zu einer Melodie schreiben müssen, können Sie den Versen zunächst die Metrik geben, die Ihnen beim Sprechen angenehm erscheint. Wenn Sie Ihre erste Strophe schreiben, legen Sie damit schon die Metrik für die zweite fest.

Bei Versen, die normalerweise aus ein- und mehrsilbigen Worten bestehen, spielen drei Kriterien eine Rolle, um ihren Rhythmus zu erkennen oder ihn zu bilden:
– *die natürliche Betonung der mehrsilbigen Worte*

– *die Betonung, die sich aus dem »natürlichen« Sprachduktus ergibt*
– *die Betonung nach dem inhaltlichen Sinn*

Im Gegensatz zu einem geschriebenen Text, wird mit der Melodie eines Songs der genaue Inhalt der Verse durch die Betonung bestimmter Worte fixiert. Wenn Sie sich den Vers von GRIECHISCHER WEIN vorsingen, werden Sie zum Beispiel feststellen, dass das Grün der Hügel betont wurde und nicht die Hügel an sich. Sollten in Ihrem Text verschiedene Varianten möglich sein, markieren Sie die Betonungen, um die Metrik eindeutig festzulegen.

Metrik bei vorgegebener Melodie

Beim Schreiben nach einer festgelegten Melodie müssen Sie die Noten, die betont werden, von den unbetonten unterscheiden, den Rhythmus bestimmen und den Text danach schreiben.

Nehmen wir als Beispiel die ersten fünf Töne von ÜBER DEN WOLKEN, die Sie hoffentlich kennen. Gehen wir davon aus, es gäbe noch keinen Text auf die Melodie.

Singen Sie die Töne ohne Text mit »La-Las«. Die Melodie hat das metrische Schema:

’x _ _’x _ (_ = unbetonte Note, ’x = betonte)

Sie müssen das Schema nicht schriftlich analysieren, sollten sich aber die Metrik gut vorstellen können. Am einfachsten ist es, sich auf die bestehende Melodie einen Platzhalter- oder Bananentext auszudenken, der der natürlichen Betonung der Sprache folgt. Am besten verwendet man mehrsilbige Worte, da die Betonungen hier meist eindeutig sind (im Gegensatz zu einsilbigen). Jetzt können Sie sinnvolle Verse entwickeln, die sich metrisch an diesem Text orientieren. Sie können nun in Ruhe am Text arbeiten, ohne sich immer wieder die Melodie anhören zu müssen. Das Arbeiten mit Platzhaltern regt auch das Finden neuer Worte an – ähnlich wie bei einem Brainstorming.

ÜBUNG:

- Notieren Sie die rhythmische Struktur der ersten Chorus-Verses von SCHREI NACH LIEBE
  Deine Gewalt ist nur ein stummer Schrei nach Liebe
  deine Springerstiefel sehnen sich nach Zärtlichkeit
- Denken Sie sich drei verschiedene Bananentexte dazu aus.
- Schreiben Sie für jeden der Platzhaltertexte Verse mit sinnvollem Inhalt.

Die Flexibilität der Metrik

Metrisch genaue Texte wirken besonders homogen und entwickeln so einen kräftigen melodiösen Charakter. Ein Text kann aber authentischer wirken, wenn Sie die Verse nicht nach einer konstanten Metrik gestalten. Sie geben dadurch der Melodie und dem Sänger einen gewissen Spielraum, die Strophen unterschiedlich zu interpretieren.

Bei GRIEÇHISCHER WEIN zum Beispiel haben die zueinander gehörenden Verse tatsächlich die gleiche Metrik. Der erste Vers der Strophe I hat die gleiche Metrik wie die ersten Verse der anderen Strophen. Lediglich einmal war der Texter etwas »ungenau«, und zwar in Strophe IV:

Sie sagten 'sich immer wieder, irgendwann geht es zurück

Hier wird durch die Melodie wie in allen Strophen zuvor die vierte Silbe betont, also das »sich«, obwohl es inhaltlich nicht passt.

Überlegen Sie, ob Sie eine konsequente Metrik verwenden wollen oder nicht:

- *Die Sprachverständlichkeit kann darunter leiden, wenn unnatürliche Betonungen erzwungen werden.*
- *Im Songfilm kann sich die Aufmerksamkeit vom Inhalt auf die Form verschieben, wenn solche Stellen auffallen.*
- *Passagen mit unterschiedlicher Metrik sollten unterschiedlich vertont werden, was die Wiedererkennung erschwert.*
- *Bei manchen Songs und beim Rap kommt es mehr auf die Form (im*

Sinne von Sprachwitz) an – ungewöhnliche Betonungen können dazu passen.

Hauptbetonungen

In der Praxis ist es so, dass vor allem die Hauptbetonungen der Verse von Bedeutung sind, da die ungewichteten Versteile zur Melodie viel flexibler gestaltet werden können.

Der Vers:
Die Nächte sind dunkler, du bist nicht bei mir.

kann also je nach gewünschtem Inhalt zum Beispiel folgendermaßen variiert werden:

Die 'Nächte sind 'dunkler, 'du bist nicht bei 'mir.
Die Nächte sind 'dunkler, du bist 'nicht bei mir.
Die 'Nächte sind dunkler, du bist nicht bei 'mir.

Wollen Sie die mögliche Taktart herausfinden, notieren Sie für jede Silbe einen Schlag. Wenn man davon ausgeht, dass man im Fluss des Satzes zunächst keine Pausen einbaut, ergibt sich für unseren Satz folgendes Schema:

Die 'Nächte sind 'dunkler, du 'bist nicht bei 'mir.
_ 'x _ _ 'x _ _ 'x _ _ 'x ^ ^

(_ = unbetonte Silbe, 'x = betonte, ^ = Pausenschlag)

Auf jeden betonten Beat folgen zwei Schlägen. Die *natürliche Rhythmik* des Verses ist in diesem Fall ein 3/4 Takt.

Pausen

Sie können Ihre Verse zunächst so durchsprechen, dass auf jedem rhythmischen Schlag eine Silbe liegt. Die Metrik ergibt sich dadurch lediglich aus der Betonung und Nicht-Betonung der Silben. Damit können Sie die metrische Struktur des Textes sehr genau erkennen und entsprechend kopieren und variieren.

Durch den Einbau von Pausen jedoch können Sie Ihre Verse »verlängern« und die Metrik grundlegend verändern. Aus einem 3/4 Takt wird so zum Beispiel ein 4/4:

Die |Nächte ^ sind |dunkler, ^ du |bist nicht ^ bei |mir.

Sollten Sie beim rhythmischen Sprechen damit Schwierigkeiten haben, setzen Sie zur Übung zunächst irgendeinen Laut ein, bis Sie ihn weglassen können:

Die |Nächte BUMM sind |dunkler, BUMM du
|bist nicht BUMM bei |mir.

Durch das Umtexten und den Einbau von Pausen können Sie nun schon schon sehr unterschiedliche Metriken erzeugen:

Die |Nächte hier sind |dunkler, ^ du |bist nicht ^ bei |mir.
Die |Nächte ^ sind |dunkler, ^ ^ |du bist ^ nicht |hier.
|Dunkler sind die |Nächte, ^ du |bist nicht ^ bei |mir.

Füllworte

Falls Sie Pausen mit Silben füllen wollen, müssen Sie entweder den Vers umtexten, oder Sie setzen ein Füllwort ein. Doch Vorsicht: Füllwörter (wie zum Beispiel »und«, »doch«, »denn« etc.) können selbstverständlich zu inhaltlichen Veränderungen führen.

Veränderung der Notenwerte

|Bist du nicht |bei mir sind die |Nächte so |kalt

Die beiden Silben »sind die« lassen sich auf einen Schlag unterbringen: Sie sprechen zwei Schläge auf eine Viertel, es sind also zwei 1/8 Noten. Solange Sie die Hauptbetonungen treffen, passen auch solche »verlängerten« Verse metrisch zueinander.

Das Zusammenziehen von Silben

Bei einigen Wörtern kann man aus zwei Silben eine machen, auch wenn es umgangssprachlich ist.

ha-ben = hab'n
se-hen = seh'n
kön-nen = könn'n

Sie können die Auslassungen mit einem Apostroph anzeigen, damit die gedachte Metrik klar wird.

Das Verlängern von Silben

Eine weitere Möglichkeit, mit einer bestehenden Metrik flexibel umzugehen, ist das Zersingen einzelner Silben, um eine zusätzliche Note zu erhalten:

Die |Nächte sind |kälter du |bist nicht bei |mir.

Textliche Veränderung mit fehlender Silbe:

Die |Nächte sind |kalt ^ du |bist nicht bei |mir.

Könnte dann werden:

Die |Nächte sind |kalt du-u |bist nicht bei |mir.

So wird zum Beispiel im ersten Chorus-Vers von SYMPHONIE aus dem dreisilbigen »Sym-pho-nie« ein viersilbiges »Si-im-pho-nie«. Bedenken Sie, dass das nicht jedem Sänger liegt.

Pattern

In der Popmusik wird meist der 4/4-Rhythmus eingesetzt. Fast alle Beispiele in diesem Buch basieren auf solchen Vierer-Grooves, die Sie daran erkennen, dass sie bei allen Zählvarianten (schnell: jeder kleinste Beat / oder langsam: nur die Hauptschläge) bis vier, acht oder sechzehn zählen können. Die Hauptbeats können ganz unterschiedlich verteilt sein und damit dem Groove eine eigene Farbe geben. Der Groove wird meist aus dem Zusammenspiel von Bass, Bassdrum, Snare und Hihat gebildet. Um die Grooves zu erkennen, verlassen Sie sich auf Ihr Gefühl und versuchen Sie, die Hauptbeats mitzuklatschen. Dadurch können sich unterschiedliche rhythmische Strukturen – genannt *Pattern* – ergeben, zum Beispiel:

|x _ x _ x _ x _|
|'Gib mir 'dei-ne 'Hand ich 'war-te|
|x _ _ x _ _ x _ |
|'Gib mir die 'Hand drauf, ich 'war-te|

Solche Pattern können wiederum untereinander kombiniert werden, so dass sich längere rhythmische Bögen ergeben. Sie können die Hauptbetonungen im Prinzip beliebig verteilen, dadurch erhält die Gesangsmelodie ihre rhythmische Struktur.

Sie können Ihre Betonungen auf die Hauptschläge eines Grooves verteilen (wie in den Beispielen von oben), sich von der rhythmischen Vorlage eines Musiktitels inspirieren lassen, oder Sie schreiben Ihre eigenen metrischen Strukturen, die über die Rhythmik der Melodie hinaus (spätestens beim Arrangieren) als Inspiration für den Groove dienen. Im Prinzip haben Sie hier freie Hand:

|'Grie- ^ -chi-scher 'Wein ^ ^ ^ |^ ist so 'wie das 'Blut der 'Er-de|
|'Komm ^ schenk dir 'ein ^ ^ ^ | ^ und wenn 'ich dann 'trau-rig 'wer- de| …

|'Voll-mond ^ ^ 'setz |'mich ins 'rech-te |'Licht ^ ^ ^|
|'Voll-mond ^ ^ du |'weißt sie 'will mich |'nicht

|^ 'Sta-tus Quo 'Va- ^ -dis ^ |'stets dem 'Le-ben 'zu ^ ^ ^|
|'hü-ten wir die 'Schwel- ^ -le ^ |'zwi-schen 'Ich und 'Du ^ ^ ^|

Wenn Sie die Takte bei schnellem Tempo mit vielen Silben füllen, wirkt der Gesang besonders dynamisch. Achten Sie auf den guten Flow.

GUTEN TAG

(Mei-ne) ||'Stim-me ge-gen 'dei-ne im Mo'bil-tele-fon ^ _ (Mei-ne) ||'Fäu-ste ge-gen 'teu-re Na-gel'pfle-ge-lo-tion ^ _ (Mei-ne)|| …

Fällt Ihnen auf, dass trotz des Stakkatos an Atempausen gedacht wurde?

Weniger Silben wirken eher getragen.

SIE WOLLEN UNS ERZÄHLEN

| ^ ^ sie 'wol-len ^ |'uns er- '-zäh-len ^|
| ^ ^ sie 'hät-ten ^ |'ei–ne 'See-le ^|

Wenn Sie sich diesen Song anhören, werden Sie feststellen, dass die letzten vier Silben nicht auf den Beats liegen sondern jeweils 1/8 davor. Das »uns« liegt also eigentlich *vor* dem Taktstrich, was man als *Vorziehen* bezeichnet. Diese Vertonungstechnik braucht Sie bei der Textentwicklung nicht weiter zu beschäftigen, weil sie auf das Schreiben keinen Einfluss hat, solange die wiederholten Textstellen metrisch gleichgesetzt werden.

6/8- und 3/4-Grooves erkennen Sie daran, dass Sie entweder bei den Hauptschlägen bis drei zählen können oder bei den kleinen Zwischenschlägen bis 3 oder 6. Auch hierbei können Sie die rhythmische Struktur frei wählen, allerdings neigen Dreier-Rhythmen mit ihrem »Walzergefühl« dazu, dass die Hauptbeats auf der Eins oder beim 6/8 auf der Eins und Vier einen besonderes großen »Sog« entwickeln, wir fühlen uns beim Hören rhythmisch besonders stark zu Ihnen hingezogen (was beim 3/4 den »Mitschunkel-Impuls« bewirkt).

3/4 - SCHNEEWALZER

(^ Wenn der) |Früh- ^ -ling |hold ^ er |blüht ^ ^ | ^ ^ ^| …
(^ Ja den) |Schnee ^ ^ |Schnee- ^ ^ | wal- ^ ^ |-zer ^ ^
|tan- ^ –zen |wir

6/8 – FLUGZEUGE IM BAUCH

|'Gib mir mein 'Herz ^ zu|'rück ^ du 'brauchst meine
|'Liebe nicht ^

Diese Stelle ist übrigens eigentlich als 9/8 komponiert (6/8 plus 3/8), eine eher ungewöhnliche Taktart. Andere sogenannte *ungrade Rhythmen* sind zum Beispiel 5/4 oder 7/8. Solche Rhythmen werden allerdings in deutschen Popsongs so gut wie nie verwendet. Bei Interesse können Sie sich einige Songs von Sting anhören, um diese Grooves kennen zu lernen.

- 5/4: SEVEN DAYS
  (Pattern: 3 + 2 = |x _ _ x _|)
- 7/8: I WAS BROUGHT TO MY SENSES (nach der getragenen Einleitung)
  (2 + 2 + 3 = |x _ x _ x _ _|)
  und LOVE IS STRONGER THAN JUSTICE (aber: im Chorus 4/4)
  (4 + 3 = |x _ _ _ x _ _|)
- 9/8: I HUNG MY HEAD
  (5 + 2 + 2 = |x _ _ _ _ x _ x _|)

ÜBUNG:

- Versuchen sie einmal passende Texte auf die ungewöhnlichen Rhythmen der Sting-Beispiele zu schreiben. Es wird Ihr Gefühl für Metrik verbessern und Sie können später alle Texte zum Beispiel durch entsprechende Pausen oder Verschiebung der Auftakte auf andere Grooves übertragen.
- Haben Sie bereits Textsegmente für den SONG X gebildet? Prüfen Sie die Metrik der Strophen und überarbeiten Sie den Text.

Ausgewogenheit durch Versanzahl und Metrik

Die Zahl der benutzten Verse je Textsegment kann den inhaltlichen Bedürfnissen entsprechend gestaltet werden. Bei Textsegmenten, die mehrfach auftreten (Strophe, Prechorus), verändern Sie die Zahl der Verse möglichst nicht. Tun Sie es doch, kann die Ausgewogenheit des Segments verloren gehen. Ein zusätzlicher Vers in einer bereits etablierten Segmentform lenkt sehr stark die Aufmerksamkeit auf sich.

Wenn Sie also die Struktur eines Segments nur einmal verändern, sollte dieser Vers eine wichtige Aussage treffen, die zum Beispiel der inhaltlichen Entwicklung ein neue Richtung gibt – sonst wirkt ein »angehängter« Vers störend.

Eine gerade Versanzahl (4, 6, 8 …) wirkt stabiler als eine ungerade (3, 5, 7 …). Aber eine gerade Versanzahl kann auch instabil wirken, wenn Sie die metrische Vorgabe durch die vorangehenden Verse unterbrechen. Mit einer ungeraden Versanzahl oder einer offenen Metrik im letzten Vers bauen Sie eine gewisse Spannung auf:

(1) du bist voll, ich bin es auch
(2) begoss den Kummer tief unten in meinem Bauch
(3) der Tag ist gemein, nur die Nacht ist lieb
(4) schleich um ein und 's andere Haus, gerade wie der letzte Dieb
(5!) versuch schon lange, mir ihr Herz zu klauen

(Aus VOLLMOND)

Dies kann, bevor der Chorus einsetzt, wirkungsvoll sein, da es den Chorus als zentralen Anker-Text unterstützt. Bei einem Prechorus kann eine unausgewogene Struktur zum Spannungsaufbau vor dem Chorus also sinnvoll sein.

Und 'da saß 'sie (2)
'rückwärts 'auf dem 'Stuhl (3)
mit der 'Lehne nach 'vorn und 'fragt: (3)
'Ey, was 'haben wir 'beide 'hier ver'lorn? (5)

(Aus DIE TÄNZERIN; Text: Ulla Meinecke)

Dann 'soll es 'wohl so 'sein (3)
dass es 'ist, 'wie es 'ist (3)
mit 'uns war 'es schon 'schlimm (3)
und 'es wird 'schlimmer noch (2)

(Aus IMMER NOCH)

Möchten Sie eine ausgewogene Struktur schaffen, obwohl Sie eine ungerade Versanzahl haben, helfen Ihnen Wiederholungen:

Sein Pyjama liegt in meinem Bett
Sein Kamm in meiner Bürste steckt
Was soll das
was soll das?

(Aus WAS SOLL DAS?)

8

REIM

Reimqualität

Zwei Worte reimen sich dann, wenn sie ab dem letzten betonten Vokal gleich klingen und der Konsonant davor anders ist. Gereimte Silben sollten demnach nicht völlig gleich sein.

Tier'fal-le reimt sich auf 'Qual-le, aber 'drü-cken nicht auf 'wenn, da die letzte betonte Silbe »drü« ist und nicht »cken«. Reimen würde sich dagegen 'schmü-cken.

Außerdem reimt sich auch nicht Tier'falle auf Mäuse-'falle, da der Konsonant »f« vor dem letzten betonten Vokal in beiden Worten derselbe ist. Die zu reimenden Silben sollten nicht identisch sein.

Reine Reime

Die Vokale und Konsonanten stimmen klanglich überein.

Liebe – Triebe
haben – traben
aber auch:
Treue – Säue
Echse – Hexe

Unreine Reime

Die Vokale und Konsonanten stimmen klanglich nicht überein:
Unreine Reime mit kurzen Vokalen

Dächer – Köcher
küssen – Kissen

Unreine Reime mit langen Vokalen

mir – Tür
Träne – Sehne

Unreine Reime mit langen und kurzen Vokalen

Bild – hielt
Kuss – Mus
mit – Kredit

Unreine Reime mit unpassenden Konsonanten

Leute – Freude
Sklaven – trafen
Magen – Haken
Tag – nach
Baum – Zaun

Unreine Reime mit angehängten oder fehlenden Konsonanten

steckt – weck
sag – fragt

Unreine Reime unpassender Doppellaute

freu'n – sein
Bäume – Reime

Falsche Reime (auch: Assonanz, Halbreim)
Hier stimmen nur noch die Grundvokale ungefähr überein

ertrunken – verstummten
Möglichkeiten – einheizen
spüren – fühlen

Kongruenz (auch: rührender Reim) und identischer Reim

Abteil – Gegenteil
Baum – Apfelbaum

Auch in veränderter grammatischer oder inhaltlicher Form:

Was ist mit meinem Sänger los?
Ist er im Knast, bin ich sängerlos.

Als besondere Reime unterscheidet man außerdem:

Gespaltene Reime
Die Reimsilben werden auf zwei Wörter verteilt.

Sie trafen sich
beim Hafenstrich

Enjambement
Zwei Verse, die zusammenhängen und durch das erste Reimwort getrennt werden

Sie gaben und sie nahmen
sich das, wofür sie kamen

Gebrochene Reime
Die Trennung der zusammenhängenden Verse durch den Reim befindet sich mitten im Wort (Wirkung eher in Richtung Komik und Sprachwitz).

Ich wusste, es war sie
ich liebte ihre Knie-
form
Ich saß an meinem Ess-
tisch und hatte wenig Stress

Reimarten

Alliterationen (auch Stabreime genannt)
Die ersten Buchstaben der verbundenen Wörter sind gleich.

mit Mann und Maus
Wellen, Wind und Wetter

Schüttelreime

Dabei werden die anlautenden Konsonanten der reimenden Silben vertauscht.

Ich würgte eine Klapperschlang'
bis ihre Klapper schlapper klang

Assonanzen, Halbreime oder unvollständige Reime

Hierbei reimen sich in mehrsilbigen Worten zwar die Vokale der betonten Silben, aber die folgenden unbetonten nicht

laben – klagen
Frieden – lieben
Kuchen – gerufen

Binnenreime

Hier stehen die Reime nicht nur am Versende, sondern auch innerhalb der Verse, was im Rap viel verwendet wird. Dadurch wirken die Verse besonders fließend. Man sagt, der so genannte Reimflow ist besonders gut, was zusammen mit einer guten Metrik zum angenehm empfundenen Flow führt.

Hey, heute ist wieder einer der verdammten *Tage*
die ich kaum *ertrage* und mich ständig selber *frage*
warum mich all diese Gefühle *plagen*, die ich nicht *kannte*
oder nur vom *Hörensagen*, denn bisher *rannte*
ich durch meine *Welt* und war der *König*
doch alles, was mir *gefällt*, ist mir jetzt *zuwenig*
alles, was mich *kickte*, von dem ich nie genug *kriegte*
lass ich lieber *sein*, denn ich fühl mich *allein*

(Aus SIE IST WEG; Text: Michael DJ Beck, Thomas Dürr, Andreas Rieke, Michael B. Schmidt)

Endreime

Der verbindende Reim am Ende einer Verszeile wird in Liedern und Gedichten am meisten verwendet. Man unterscheidet nach der Anzahl der Silben, die den Reim ab dem betonten Vokal bilden:

Einsilbige Endreime (»männlich«)

Du bist für immer mein
so soll es dann wohl sein

Zweisilbige Endreime (»weiblich«)

Ich laufe meistens pfeifend
mein Lied ist so ergreifend
Aber auch:
Ich trink so gerne Rotwein
drum möchte ich noch nicht tot sein.
und:
frag mich – be'klag dich

Dreisilbige Endreime (»gleitend«):

wehende – sehende

ÜBUNG:

- Notieren Sie von den ersten zehn Seiten des Romans, den Sie gerade lesen, jeweils das letzte Wort der Seite.
- Bilden Sie zehn Verse, die jeweils mit einem dieser Worte enden.
- Schreiben Sie passende Verse dazu, die sich am Ende auf den ersten Vers reimen – ohne die Hilfe eines Reimlexikons. Verwenden Sie möglichst reine Endreime.
- Nehmen Sie nun ein Reimlexikon dazu. Suchen Sie daraus für jedes Endwort Ihres ersten Verses einen neuen Vers.
- Überarbeiten Sie alle Verspaare, so dass sie einen Sinn ergeben.

Reimstruktur

Unsere Hörgewohnheiten und unser Gefühl für »gute« Songs verlangen geradezu danach, dass wir deutliche Strukturen erkennen, über die Metrik hinaus. Fast alle Textbeispiele in diesem Buch haben Endreime, die am besten das Gefühl eines Zusammenhalts der Verse untereinander und damit auch der Gedanken vermitteln. Sie sollten sich deshalb fragen: Welche inhaltlichen Aussagen möchte ich mit Reimen bewusst verbinden?

Zu diesem oft vernachlässigten Zusammenhang zwischen Form und Inhalt schreibt Thomas Wieke in seinem Buch *Gedichte schreiben*:

»*Klangliche Gleichsetzung durch den Reim*

Der Reim ist eine Wiederholung eines Gleichklangs. Er verweist den Leser auf den vorausgegangenen Text und ruft das erste Reimwort in Erinnerung. Das bereits Gelesene oder Gehörte wird zusammen mit dem Neuen erneut wahrgenommen und mit einem neuen Sinn belegt. Das trifft nicht nur auf die Reimworte zu, sondern – da diese Worte am Ende von Versen stehen – auf die Zeile, ja die gesamte Sinneinheit, die den Reim führt.

Gedankliche Gegenüberstellung durch den Reim

Zwei Worte, die üblicherweise keine Bindung – weder grammatischer noch semantischer Art – aneinander haben, werden in der Dichtung durch den Reim zu einem Paar vereinigt, auch wenn sie verschiedene Bedeutungen haben.«

Reime strukturieren Verse, daraus entstehen die einzelnen Textsegmente, die Strophen und der Chorus. Die Länge der Verse und die Abstände zwischen den Reimen wirken sich auf die Melodieführung aus. Weiter auseinander liegende Reime ergeben größere Spannungsbögen als eng beieinander liegende.

Reimfolge

Durch die Reimfolge können Sie die Struktur der Textsegmente unterschiedlich gestalten:

Paarreime – aa bb cc …

Wenn du immer noch plötzlich auf mich stehst
und mit 'nem Flüstern mir den Kopf verdrehst
wenn du mir immer noch kleine Briefe schreibst

und wenn du geh'n musst, doch noch fünf Minuten bleibst
(Aus IMMER NOCH)

Kreuzreime – abab cdcd …
Wind Nordost, Startbahn null-drei
bis hier hör ich die Motoren
wie ein Pfeil zieht sie vorbei
und es dröhnt in meinen Ohren
(Aus ÜBER DEN WOLKEN)

Schweifreime – aab ccb
Und dann erzählten sie mir von grünen Hügeln, Meer und Wind
Von alten Häusern und jungen Frauen, die alleine sind
Und von dem Kind, das seinen Vater noch nie sah
Sie sagten sich immer wieder, irgendwann geht es zurück
Und das Ersparte genügt zu Hause für ein kleines Glück
Und bald denkt keiner mehr daran, wie es hier war
(Aus GRIECHISCHER WEIN)

Besonders geeignet, wenn mit einem Refrain gearbeitet wird, der aber nicht jedes Mal wiederholt werden soll.
Wie man an einen solchen Schwamm
Sein Herz einfach verschleudern kann
Los sag was, los sag *was*

Ich lass dich viel zu oft allein,
Aber der muss es doch nun wirklich nicht sein
Was soll das, was soll *das*?
(Aus WAS SOLL DAS)

Haufenreime – aaaa
Meine Stimme gegen deine im Mobiltelefon
Meine Fäuste gegen teure Nagelpflegelotion
Meine Zähne gegen die von Dr. Best und seinem Sohn
Meine Seele gegen eure sanfte Epilation
(Aus GUTEN TAG)

Umrahmende Reime (auch umarmende genannt) – abba
Wird selten in Popsongs verwendet. Ich habe nur ein Lied gefunden, bei dem es in der abgewandelten Form abbaa auftaucht.

Über den Wolken,
muss die Freiheit wohl grenzenlos sein
alle Ängste, alle Sorgen, sagt man
blieben darunter verborgen und dann
würde, was uns groß und wichtig erscheint,
plötzlich nichtig und klein
(Aus ÜBER DEN WOLKEN)

Kombinationen
Würden sich alle Songs nur aus dem gleichen Reimschema zusammensetzen, dann würden sie bald gleichförmig klingen, wie etwa bei Volksliedern. Darum kombinieren Sie Formen untereinander, zum Beispiel ababcca, aabbcca, abcab, abcb.

Beispiel: aabcbcc
Vollmond, setz mich ins rechte Licht (a)
Vollmond, du weißt, sie will mich nicht (a)
leucht ihr ins Gewissen (b)
mach mir 'nen Heiligenschein (c)
ich kann sie nicht mehr missen (b)
beeil dich, mach sie mein (c)
Vollmond, ich bin so allein (c)
(Aus VOLLMOND)

Unausgewogene Reimformen
Wenn Sie innerhalb einer etablierten Reimstruktur ungereimte Verse verwenden, wirken diese Positionen unausgewogen - besonders, wenn dieser »Nichtreim« am Ende des Segmentes steht. Weil wir beim Hören an dieser Stelle einen Reim erwarten entsteht dadurch eine große Spannung.

Beispiele:

aab
(mit Enjambement)
Wenn meine Seele grau ist, nichts macht mehr Sinn
Ich bin ganz oben und ich weiß nicht mehr wohin
ich gehen soll
(Aus DU ERINNERST MICH AN LIEBE; Text: Annette Humpe)

abcbd
Deine Gewalt ist nur ein stummer Schrei nach Liebe
deine Springerstiefel sehnen sich nach Zärtlichkeit
du hast nie gelernt, dich zu artikulieren
und deine Eltern hatten niemals für dich Zeit
Arschloch
(Aus SCHREI NACH LIEBE)

Besonders unausgewogen wirken Segmente, wenn Sie mehrere gereimte und nicht gereimte Verse innerhalb eines Segments kombinieren oder vollkommen ohne Reime arbeiten. So können Sie Spannung aufbauen und authentisch wirken.

Warst du nicht fett und rosig
Warst du nicht glücklich
Bis auf die Beschwerlichkeiten
Mit anderen Kindern streiten
Mit Papa und Mama
(Aus WAS HAT DICH BLOSS SO RUINIERT)

die anderen meinen es ernsthaft
und ehrlich mit mir
aber ihre seltsame Art
ist mir irgendwie lieber
(Aus EVELIN)

Wozu der ganze Kampf
Um Macht und Geld
Was soll ich sammeln
Hier auf dieser Welt
Wenn ich doch gehen muss
(Aus DU ERINNERST MICH AN LIEBE; Text: Annette Humpe)

Experimentieren Sie mit verschiedenen Möglichkeiten, zum Beispiel mit ungereimten Strophen, aber mit gereimten Chorus – und umgekehrt. Achten Sie dabei darauf,

- *wie sich die Wirkungen der ungereimten und der gereimten Passagen untereinander beeinflussen*
- *wie »natürlich« oder »unnatürlich« die verschiedenen Segmente in ihrem Wechsel wirken*
- *ob und wie der Flow der einzelnen Verse und Segmente wirkt*

BEISPIELE:

- CELLO
- SYMPHONIE
- WAS HAT DICH BLOSS SO RUINIERT
- WENN DU MICH DANN LIEBST
- GEILE ZEIT
- EVELIN

ÜBUNG:

- In der vorherigen Übung haben Sie nur die aa-Reimform verwendet. Probieren Sie nun zu allen zehn Versen verschiedene Reimformen, jeweils beginnend mit Ihrem Ursprungsvers, der sich aus den Romanwörtern ergab.
- Mischen Sie die zehn Verse untereinander und bilden Sie zum Beispiel aus Vers eins und sechs einen Vierzeiler. Dazu müssen Sie vermutlich Zwischenverse entwickeln, die inhaltliche Übergänge zwischen den nicht zusammengehörenden Versen bilden.

Reim und Inhalt

Der Hörer merkt es, wenn ein Reim am Versende steht, nur damit sich der Vers reimt: Der Songfilm ist dann gerissen. Die ungeschickte handwerkliche Technik steht plötzlich im Mittelpunkt und nicht mehr der Inhalt. Der Reim sollte unbemerkt der Wiedergabe des Inhalts dienen, mit einer Ausnahme: Der Reim ist gleichzeitig Handwerk und Inhalt, wie in manchen Rap-Songs oder in humoristischen Liedern.

Wenn Sie anfangs Schwierigkeiten mit Reimen haben, versuchen Sie es einmal so:

- *Formulieren Sie zuerst die Verse, in denen wichtige Aussagen enthalten sind. Im zweiten Schritt suchen Sie passende Reimwörter zu den Versenden. Nun können Sie die Verse vor oder nach der wichtigen Aussage platzieren, so wie es Ihnen poetischer oder passender erscheint.*
- *Wenn Sie noch keine Verse zu Ihren wichtigen Aussagen haben, können Sie sich auch einmal vom Reimlexikon anregen lassen, um für die weniger aussagestarken Verse Reime zu finden. Mit diesen Bruchstücken verdichten Sie dann die wichtigen Verse.*
- *Seien Sie bereit, jederzeit alles umzustellen, damit sich auch aus dem Reim heraus neue Inhalte bilden können.*

Reimflow, Rap und Hip-Hop

Reime führen uns von Vers zu Vers oder wie sogar beim Rap von Wort zu Wort, von Bild zu Bild. Ein Reimflow entsteht durch den Abstand der Reime zueinander, also der Reimdichte. Je kürzer der Abstand, in dem die Reime aufeinander folgen, desto schneller wirkt der Text. Das ist besonders bei Binnenreimen und Haufenreimen der Fall, die (inspiriert vom Rap) immer beliebter werden. Bei aller Schnelligkeit sollte aber der Inhalt noch verständlich sein. Manche aggressiven Hip-Hop-Songs werden absichtlich schwer verständlich produziert, das Tempo ist zu hoch und die natürliche Metrik der Verse wird bewusst gebrochen. Dennoch ist gerade der saubere und auch der unsaubere hochkreative Reimgebrauch einiger Hip-Hop-Künstler interessant und inspirierend. Lesen Sie laut:

> Wir sind jeden Tag umgeben von lebenden Toten
> umgeben von Schildern, die uns sagen: Betreten verboten.
> Umgeben von Skinheads, die Türken und Afrikanern das Leben nehmen
> während Bullen daneben stehen
> um Problemen aus dem Weg zu gehen.
> …
> Ich muss mich von euch ganzen Schlappschwänzen abgrenzen
> all den ganzen Kack fressen
> Die mich jeden Tag stressen sind die gleichen Leute an der Spitze
> die sich satt essen und Minderheiten werden zu Mehrheiten
> und trotzdem vergessen.
> …
> Die scheiß Politiker dienen der dunklen Seite wie Darth Vader
> und haben 'nen Horizont von circa einem Quadratmeter
> Keine eigene Meinung, aber zehn eigene Ratgeber
> die schwachsinnigen Scheiß reden, als hätten sie 'n Sprachfehler
> Hoffen die braven Wähler zahlen weiterhin gerne Steuergelder
> doch ich bin hier, um Alarm zu schlagen wie 'n Feuermelder.
>
> *(Aus WECK MICH AUF; Text: Samy Deluxe)*

Verschachtelten Binnenreime und eine dichte Metrik im Rap sind vielfältig und lassen sich auch auf andere Songs anwenden (NIE MEHR ALLEIN).

Wenn Sie in einem Song bei einer Passage den Flow verändern, indem Sie zum Beispiel zu Binnenreimen übergehen, sollten Sie bedenken, dass Sie damit die Atmosphäre des Gesangs verändern. Fragen Sie sich:

- *Was bedeutet die Veränderung des Flows für den Hörer?*
- *Was passiert, wenn Sie das Tempo wieder reduzieren?*

- *Was drücken Sie damit aus?*
- *Hat die Änderung einen inhaltlichen Bezug oder lenkt sie vom Inhalt ab?*
- *Stört oder fördert sie die aufgebaute Stimmung?*

Im nächsten Beispiel wird die hektische Phase des Berufsalltags in der Strophe II sinnvoll durch eine Steigerung des Reim- und Metrikflows mit engen Binnenreimen des Versschemas aaba fühlbar gemacht.

NIE MEHR ALLEIN

(Text: Masen Abou-Dakn)

I. Der Wecker hat geschrien, er sagt aufstehen, duschen gehen
es drehen sich die Tage am Kalender, änder' endlich mal dein
Leben, habe ich mir oft gesagt, wenn der Zweifel an mir nagt
wieder so ein Tag, an dem ich mich frag
woran 's denn gestern wieder lag
ich wache auf, und die Dinge nehmen ihren Lauf
niemand liegt neben mir, keine da jetzt und hier
die sich an mich kuschelt, verschlafen süße Sachen nuschelt
mir den Rücken wärmt, fürs Blaumachen schwärmt
der ich 's Frühstück ans Bett bringen, morgens schon ein Lied
singen kann, werd ich irgendwann finden, was ich such
mein Leben ist nichts als ein leeres Buch, und wo ist die gute Fee
gegen den Fluch

Ich will nie, nie, nie, nie, nie, nie, nie mehr allein sein – nein
ich will nie, nie, nie, nie, nie, nie, nie mehr alleine sein
es kommt auch ne andre Zeit – ich halt mich bereit

II. Rausgehen Bus sehen losrenn'n anstehen
einsteigen Ticket zeigen hinsetzen anschweigen
im Flur Stechuhr Schreibtisch ganz stur
Tag sagen nichts wagen durchhalten Grinsen tragen
Terminal schnell schnell hoffentlich dickes Fell

halb eins Essen fassen 5 Minuten gehen lassen
Kaffeezeit Kuchen essen Feierabend Job vergessen
na klar nehmen wir in der Bar noch 'n Bier
Bus nach Haus 3 Staus erst mal aus 'm Anzug raus
Glotze an und dann Kundenbonus Pizzamann
eigentlich wollte ich weggehen, doch das lasse ich
noch 'n Zap auch ganz nett danach fall ich dann ins Bett
ich schlafe ein und träum, dass ich irgendwann nichts mehr versäum

Ich will nie, nie, nie, nie, nie, nie, nie mehr allein sein …
ich glaube ganz fest daran – morgen fängt das Leben an

III. Ich weiß genau, was ich will, wird irgendwann wahr
die Fee und ich sind dann für immer ein Paar
der Star im Film meines Lebens ist sie, und ich bin ihr Held
sowas bin ich jetzt nie. dazu muss ich nicht siegen
muss mich nicht verbiegen, wenn zwei sich kriegen
die sich wirklich lieben, nehmen sie sich so, wie sie sind
wie Drachen den Wind. so können wir fliegen und das sogar im Liegen
wir wiegen uns im Glück, sind Boot und Hafen
ohne Gute-Nacht-Kuss können wir nicht schlafen
dass wir uns trafen, können wir dann kaum fassen
seinen Traum zuzulassen und nicht zu verpassen
muss irgendwie gehen, ich werde schon sehen – der Wind wird sich drehen
solang heißt 's: Rausgehen, Bus sehen, losrennen, anstehen …

ÜBUNG:

- Arbeiten sie weiter an Ihren zehn Versen und den bisherigen Reimen: Entwickeln Sie aus den Reimen neue Verse, in dem Sie die bisherigen Reime in rapartig verschachtelte umwandeln oder entsprechend ergänzen. Trennen Sie sich wenn nötig von Ihren bisherigen Entwürfen.

Beispiel:
Ich liebte dich, seit ich dich sah
Zum Glück warst du immer für mich da

wird zu:

Ich liebe dich und du auch mich
das ist das Glück an und für sich
kein kleines Stück sondern das größte
das aller allerhöchste
du bist für mich da
gut, dass ich dich einst sah

Und nun Sie …

Freiheit des Reimens

Bei aller Theorie – reimen Sie nach Ihrem Gefühl, so wie Sie finden, dass es schön klingt und Ihre Aussage wiedergibt.

Über den Einsatz des sauberen Reims existieren verschiedene Ansichten. Klassisch Orientierte meinen, dass sich nur an sauber gereimten Versen die hohe Kunst des Dichters zeige und alle unsauber gereimten Songs nachlässig gearbeitet seien. Am besten, Sie bilden sich selbst ein Urteil. Achtet man bei aktuellen Songs auf saubere Reime, stellt man fest, dass dazwischen auch ungenaue Reime oder völlig ungereimte Passagen zu finden sind, ohne dass die Gesamtqualität des Liedes darunter leidet. Im Gegenteil: Lieder, die ausschließlich mit absolut sauberen Reimen arbeiten, wirken oft klischeehaft und sprachlich weniger interessant.

Das Benutzen von Reimklischees ist ebenso problematisch wie ein schlechter Reim aus Versehen. Beides lenkt die Aufmerksamkeit vom Inhalt auf die fragwürdige Qualität des Songtexters.

Unsaubere Reime

sollten Sie nur einsetzen, wenn der Sänger sich als besonders bodenständig und authentisch darstellen möchte. Sie sagen damit über sich, dass Ihnen der Inhalt wesentlich wichtiger ist als die Form und dass Sie es nicht nötig haben, auf saubere Reime zu achten

Zehn kleine Jägermeister rauchten einen Joint
Den einen hat es umgehaun, da waren 's nur noch neun
...
Acht kleine Jägermeister fuhren gerne schnell
Sieben fuhren nach Düsseldorf und einer fuhr nach Köln
(Aus ZEHN KLEINE JÄGERMEISTER; Text: Andreas Frege, Hanns Christian Müller)

Unpassende Worte

die lediglich den Zweck erfüllen, einen Reim zu »bedienen«, sollten Sie selbstverständlich vermeiden, weil auch dabei der Inhalt sekundär wird.

Und wenn ein Lied meine Lippen verlässt
dann nur, damit du Liebe empfängst
durch die Nacht und das dichteste Geäst (?)
damit du keine Ängste mehr kennst (?)
(Aus UND WENN EIN LIED)

Die Form sollte niemals den Inhalt bestimmen. Falls Sie auch mit Hilfe des Reimlexikons keine geeigneten Reime finden, sollten Sie einfach das hinführende erste Reimwort austauschen und zwei völlig neue Verse bilden.

Sie können aber auch Worte, für die es nur wenige »natürliche« Reime gibt, in die Zeile, statt an das Ende setzen und damit neue Reimmöglichkeiten gewinnen:

Und so verlässt meine Lippen ein Lied ...

Unsaubere Reime mit ungünstigen Reimassoziationen

Bei einem unsauberen Reim könnte es passieren, dass dem Hörer spontan ein besseres Reimwort einfällt – was seine Gedanken vom Text ablenkt:

Das füllt mich nicht aus
Ich fühl mich zu Haus
Nur zwischen den *Stühlen*
Ich will doch nur *spielen*
(Aus DAS SPIEL; Text: Frank Ramond)

Der Hörer empfindet nur allzu leicht den missglückten Reim und der Songfilm reißt:

… nur zwischen den Stühlen
Ich will doch nur spülen

Ebenso ungeschickt ist das »Biegen« bei unreinen Reimen, wenn die Aussprache des Folgewortes geändert wird, mit ungewollter Komik:

der Henkel riss ab, alles fiel auf den Boden
Kartoffeln, Tomaten und Paprikaschoten (sprich: »Paprikaschoden«)
(Aus TAGE WIE DIESER)

ÜBUNG:

- Hören Sie sich verschiedene Songs an und lesen Sie die Texte, um die verwendeten Reime kennen zu lernen.
- Wie wirken die Reime nun auf Sie?
- Welche Reimarten und -formen empfinden Sie an welchen Stellen als angenehm oder unangenehm?
- Gibt es Reime, die Ihnen besonders gefallen, und andere, die Sie schrecklich finden? Woran liegt das?
- Zu Ihrem SONG X: Schreiben Sie Ihre Verse nun ganz in eine gereimte Form um. Benutzen Sie für die einzelnen Textsegmente bewusst unterschiedliche Reimformen.

9

WIEDERHOLUNGEN

Textsegmente wiederholen

Auch in Gedichten werden Reim- und Metrikstrukturen und Ideen oder Formulierungen wiederholt, nicht anders in Songtexten. Auffällig an Kunzes GRIECHISCHER WEIN ist, dass sich bei ihm unterschiedliche Blöcke etablieren, die sich durch rhythmische Struktur und Reimschema voneinander unterscheiden. Sehen wir uns einmal die jeweils erste Zeile der Blöcke im Beispiel an:

> Es war schon dunkel, als ich durch Vorstadtstraßen heimwärts ging (I)
> Da saßen Männer mit braunen Augen und mit schwarzem Haar (I)
>
> Griechischer Wein, ist so wie das Blut der Erde (II a)
> Griechischer Wein und die alt vertrauten Lieder (II b)
>
> Und dann erzählten sie mir von grünen Hügeln, Meer und Wind (I)
> Sie sagten sich immer wieder, irgendwann geht es zurück (I)
>
> Griechischer Wein, ist so wie das Blut der Erde (II a)
> Griechischer Wein und die alt vertrauten Lieder (II b)

Kunzes Text setzt sich aus zwei verschiedenen Textblöcken zusammen, wobei die a/b-Varianten von Block II sich nur in der letzten Zeile marginal unterscheiden. Die Blöcke I und II unterscheiden sich durch unterschiedliche Metrik und unterschiedliche Reimschemata. Teil I erzählt jeweils etwas Neues, während II wörtlich wiederholt wird. Dieser wiederkehrende Textblock wird dadurch zum *Anker- und Bezugspunkt* für die anderen Teile.

Ein Textsegment, das wörtlich wiederholt wird, bekommt beim Hören mehr Gewicht. Wir setzen die variierenden Segmente automatisch in Bezug zu diesem »Anker«.

Reim- und Rhythmusschema wiederholen

Eine rhythmische Versstruktur wiederholen Sie, um verschiedene Teile eines Songs mit derselben Melodie singen zu können. Wenn jedes Textsegment ein eigenes Reimschema und einen eigenen Sprachrhythmus hätte, dann müsste der gesamte Songtext mit verschiedenen Melodien gesungen werden. Was würde dann aber mit unserem Songfilm passieren? Wir sehnen uns beim Song-Hören nach einer erkennbaren Struktur, einem roten Faden, an dem wir uns orientieren können.

Bei der Vertonung der Texte wird dies berücksichtigt, indem man jedem in sich stilistisch geschlossenen Textblock eine wiederkehrende musikalische Anmutung (Melodie, Harmonik, Sound) gibt. Die einzelnen Blockstrukturen sollten mindestens einmal wiederholt werden, um die Struktur des Songs, seinen inneren Zusammenhang und die inhaltliche Aussage erkennen zu können.

ZUSAMMENFASSUNG:

- Ein Song benötigt eine erkennbare Struktur, einen inneren Zusammenhang.
- Die strukturgebenden Stilmittel sind Reim und Rhythmus.
- Wie die Reime und die Rhythmen innerhalb der Verse und Segmente verteilt werden, bleibt Ihnen überlassen.
- Die einzelnen Segmente und ihre Struktur werden erkennbar, in dem sie mindestens einmal wiederholt werden.

Säen und Ernten

In der Filmdramaturgie geht es oft darum, eine Handlung frühzeitig vorzubereiten. Ein Beispiel: Der Held öffnet in einer lebensbedrohlichen Situation mit einem speziellen Code eine rettende Geheimtür. Es wäre für den Zuschauer eine unglaubwürdige Überraschung, wenn er nicht vorher schon darauf vorbereitet worden wäre, indem zum Beispiel gezeigt wird, wie er an den Code gelangt, obwohl seine

Bedeutung noch nicht klar ist. Die Vorbereitung einer solchen späteren Szene bezeichnen Drehbuchautoren als »Säen«, das Verwenden als »Ernten«. Dabei kann es sich um winzige, nebensächliche Details oder um wichtige, groß aufbereitete Vorgänge handeln.

»Säen und Ernten« ist auch beim Songtexten wichtig, weil wir mit dieser Technik sehr viel in kurzer Zeit erzählen können und außerdem dem Song einen interessanten inhaltlichen Bogen verleihen.

Das Wiederholen und Variieren von Versen und Versteilen

Hier ein komplexes Beispiel dafür, wie auch nur teilweise Wiederholungen einzelner Verse oder Versteile den strukturellen Zusammenhalt eines Textes und damit auch seine inhaltliche und lyrische Bedeutung erhöhen können. Die Wiederholungen können auch außerhalb des Chorus liegen.

STATUS: QUO VADIS

(Text: Jochen Distelmeyer)

I. Totgesagt und nicht gestorben – no, no
geistern wir durch neue Formen – yeah, yeah
zwischen Zeit und Ewigkeit
ein Leben voller Angst
und Hoffnung, dass es sich ändern kann
doch womit fängt man an?

Status: Quo Vadis
stets dem Leben zu
hüten wir die Schwelle
zwischen Ich und Du
Sorge braucht Zusammenhänge
Zärtlichkeit braucht Zeit
Musik für eine andere Wirklichkeit

II. Totgesagt und nicht gestorben - no, no
forschen wir nach neuen Formeln - yeah, yeah
eine halbe Ewigkeit
ein vorbestimmter Weg
Verzweiflung, wohin die Reise geht
bis man sich eingesteht

Status: Quo Vadis
stets dem Leben zu
hüten wir die Schwelle
zwischen Ich und Du
Sorge braucht Zusammenhänge
Zärtlichkeit braucht Zeit
Musik für eine andere Wirklichkeit

III. Totgesagt und nicht gestorben - no, no
geistern wir durch neue Formen - yeah, yeah
zwischen Zeit und Ewigkeit
ein Leben voller Angst
ein Lichtblick, dass es sich ändern kann
und damit fängt es an

Status: Quo Vadis
stets dem Leben zu
hüten wir die Schwelle
zwischen Ich und Du
Sorge braucht Zusammenhänge
Zärtlichkeit braucht Zeit
Musik für eine andere Wirklichkeit

Quo Vadis - Ich und du
Quo Vadis - Dem Leben zu

Der Chorus wird wörtlich wiederholt, aber auch die drei Strophen weisen eine große Ähnlichkeit auf. Die strenge Form wird nur durch den Austausch von wenigen Wörtern unterbrochen. Distelmeyer stellt so, poetisch geschickt, die Bedeutung von Nähe und Distanz einer Beziehung dar. Die drei Strophen können dabei als unterschiedliche Zustände einer schon lange bestehenden Partnerschaft gedeutet werden (»totgesagt und nicht gestorben«).

I. Beide sind unzufrieden, haben aber Angst vor Veränderung.
II. Sie sind auf angstvoller Suche nach dem Neuen und gestehen sich das auch ein.
III. Probieren es anders und haben die Hoffnung, dass eine Veränderung etwas Positives bewirken wird.

Sehen wir uns die veränderten Worte dazu einmal an:

I. geistern wir durch neue Formen
II. forschen wir nach neuen Formeln
III. geistern wir durch neue Formen

Irren herum, suchen gezielt, irren herum.

I. zwischen Zeit und Ewigkeit
II. eine halbe Ewigkeit
III. zwischen Zeit und Ewigkeit

Es existiert, es dauert unendlich lange, es existiert.

I. ein Leben voller Angst
und Hoffnung, dass es sich ändern kann
doch womit fängt man an?
II. ein vorbestimmter Weg
Verzweiflung, wohin die Reise geht
bis man sich eingesteht
III. ein Leben voller Angst
ein Lichtblick, dass es sich ändern kann
und damit fängt es an

Ratlosigkeit, erste Offenheit, Erkenntnis.

Mit der dichten Struktur und den wenigen Veränderungen gelingt es Distelmeyer, die Aussage und die inhaltliche Wirkung des Songs zu verstärken. Er zeigt: So ist das Leben. Man ist in einer Struktur gebunden, aber schon wenige Veränderungen lassen alles anders erscheinen. Einmal gesät – zweimal geerntet!

Aber auch in dem sich normalerweise wörtlich wiederholenden Ankertext (Chorus) lässt sich mit einer inhaltlichen Variation die Aussage des Songs vertiefen oder umdeuten.

WIE TIEF KANN MAN SEHEN

(Text: Danny Dziuk und Stefan Stoppok)

Der Mann im Radio sagt, dass ein Tief zu uns zieht
sieht mal wieder nicht grad sonnig aus über'm Ruhrgebiet
ob er sich auch vorstell'n kann, der gute Mann da im Radio
wie es hier aussieht

Ich sitz in der Küche
ich denk drüber nach
das Glas, das ich schmiss
der Satz, der mich traf
dein trübes Gesicht im Dämmerlicht

wie tief kann man sehen
Leute komm', Leute gehen

Die Frau im Fernsehen sagt »Gute Nacht, Dankeschön
fürs Zuschau'n und auf Wiedersehn«
ob sie 'ne Ahnung hat, die gute Frau da im Fernsehstudio
wie hier die Aktien steh'n

Wo wirst du jetzt sein
in welchem Labyrinth
wie rau ist die See
wie stark ist der Wind
und ich sitz hier, sammel' die Scherben ein
die noch übrig sind

wie tief kann man sehen
Leute komm', Leute gehen

Die erste Nacht, der letzte Zug
der freie Fall, der zerbrochene Krug
das war's,
außer all den Blicken ins Glas

wie tief kann man sehen
Leute komm', Leute gehen

wie tief kann man sehen
Freunde komm', Fremde gehen

Erst bei der letzten Wiederholung des Chorus wird die lakonische Beschreibung

... Leute komm', Leute gehen

verändert in das sehr spezielle
... Freunde komm', Fremde gehen

worin komprimiert die poetische Aussage des Liedes liegt. Zweimal gesät – einmal geerntet. Achten Sie beim Schreiben eines Textes auf Verse, in denen Sie mit geringen Veränderungen inhaltliche Aussagen verstärken oder durch Wiederholungen eine neue Interpretation ermöglichen.

Die Variante von Stoppok und Dziuk hat nur einen Nachteil: Der Hörer muss den Song bis ganz zum Schluss verfolgen, um die berührende Wendung in der letzten Zeile mitzubekommen. Man muss aber davon ausgehen, dass die Hörer am Schluss des Liedes nicht mehr besonders auf den Text achten, weil sie es gewohnt sind, dass am Ende nur noch unveränderte Wiederholungen des Chorus folgen. Bei einem kommerziell orientierten Song, der »schnell« wirken soll, und bei einer so wichtigen Textstelle kann es sinnvoll sein, die Veränderung früher zu bringen. Bei WIE TIEF KANN MAN SEHEN zum Beispiel wäre es unter diesem Aspekt günstiger gewesen, den zweiten Chorus doppelt zu singen, um bei der zweiten Fassung dann die Textvariante zu bringen. Also so:

II. … und ich sitz hier, sammel' die Scherben ein, die noch übrig sind

mh … wie tief kann man sehen
mh … Leute komm', Leute gehen

mh … wie tief kann man sehen
mh … Freunde komm', Fremde gehen

Die erste Nacht, der letzte Zug
…

Hier ein weiteres Beispiel für »Ernten und Säen« durch Variieren und Wiederholen von Versteilen. Die zusammengehörigen gesäten und geernteten Stellen sind mit Nummernpaaren versehen.

Du bist wirklich saudumm
darum geht's dir gut
Hass ist deine Attitüde (1)
ständig kocht dein Blut
alles muss man dir erklären,
weil du wirklich gar nichts weißt
höchstwahrscheinlich nicht einmal
was Attitüde heißt (1)

…
du hast nie gelernt, dich zu artikulieren (2)
…

…
du hast nie gelernt, dich artizukulieren (2)
…

(Aus SCHREI NACH LIEBE; Text: Dirk Felsenheimer und Farin Urlaub)

Erkennen Sie, welche Gedanken und Gefühle beim Ernten angeregt werden und wie der Song dadurch an Tiefe gewinnt?

Wiederholen und Variieren von Inhalten

Wenn Sie bei einem Songtext Textteile und Reimschema nicht wiederholen oder ohne feste Metrik arbeiten wollen, dann sollten Sie zumindest eine starke Idee wiederholen. Denn ein Verzicht auf alle Formen der Wiederholung führt zu einem Lied, das keinen Chorus oder Refrain und auch keine wiederkehrende Melodie hat – zumindest keine mit einem gesungenen Text.

Das ist natürlich möglich, führt aber meist dazu, dass das Lied (zumindest beim ersten Hören) nicht als »richtiger« Song empfunden wird. Ein solches Lied braucht als zusammenhaltendes Element ein wiedererkennbares Motiv, zum Beispiel eine überzeugende Instrumentalmelodie, die dann wie ein Chorus zwischen den Strophen wiederholt werden kann. So eine unbetextete Melodie könnte auch mit »Aahs«, »La-las« oder Ähnlichem gesungen werden.

Komplexe Inhalte lassen sich manchmal leichter durch Gegenüberstellungen und Variierungen erzählen, wir verwenden dabei eine weitere Technik des Drehbuchschreibens: Die so genannte »Ellipse«.

Wir führen zunächst einmal einen Gedanken ein (säen), um damit beim späteren Wiederauftauchen einen bestimmten Inhalt zu ernten, indem wir eine Variation des ersten Gedankens zeigen. Die vielen Gedanken, die man sich dazu machen könnte, werden quasi übersprungen, daher »Ellipse«. Dadurch lassen wir dem Zuhörer die Möglichkeit, sich seine eigenen Vorstellungen zu dem angedeuteten Inhalt zu machen. Auch bei STATUS: QUO VADIS und SCHREI NACH LIEBE wird mit dieser Technik gearbeitet.

Das Wiederholen von Ideen

Damit ein Song ohne klassische Struktur nicht auseinander bricht, ist es besonders wichtig, dem Text inhaltlich einen Spannungsbogen zu geben, in dem ein Kerngedanke wiederholt und variiert wird.

Hier ein ungewöhnlicher Song, der sich (bis auf wenige poetisch stilisierte Stellen) auch als Prosatext lesen lässt.

WENN DU MICH DANN LIEBST

(Text: Bernd Begemann)

Oh, wenn du mich dann liebst
können wir uns verabreden
und ich werde ganz bestimmt pünktlich sein
damit du siehst, dass es mir wichtig ist
sag nur die Zeit und den Ort
ich werde da sein
denn wo könnte ich anders sein
als da, wo du bist
wenn du mich dann liebst

Ich werde Dir sagen
wie sehr ich dich liebe
und du sagst mir dann dasselbe
damit wir wirklich sicher sind
und alle, alle die uns sehen
werden uns beneiden
denn selbst, selbst dann
wenn sie es nicht wissen
wünschen sich alle Menschen
zu lieben und geliebt zu werden

Und wir werden glücklich sein
das weiß ich
das weiß ich
ich bin jetzt schon fast glücklich
wenn ich mir nur vorstelle
wie schön es würde
wenn du mich dann liebst, wird es wundervoll
ganz wundervoll
doch seltsam
seltsam
alle sagen
sobald es wundervoll ist

steht schon fast fest
dass es so gut wie vorbei ist
sag, dass es bei uns nicht so ist
weil du mich jetzt liebst

Schlicht und dennoch hochemotional. Begemann sät die Vorstellung von erhoffter Liebe in der ersten Strophe an Hand eines »kleinen« konkreten Beispiels: »Pünktlichkeit«. In der zweiten Strophe variiert er den Gedanken, in dem er darstellt, wie andere Menschen diese Liebe wahrnehmen, und kommt damit auf die allgemeine Aussage »Jeder will lieben und geliebt werden«. In der dritten Strophe geht er noch einen Schritt weiter und behandelt das Thema »Glück im Liebes-Konjunktiv« und den Zweifel »Jede Liebe vergeht irgendwann«. Alles immer noch die »Ernte« der in der ersten Strophe gesäten Idee. Die gedanklichen Zwischenräume, die zwischen den drei Blöcken »Vielleicht liebst du mich irgendwann«, »Jeder will geliebt werden« und »Jede Liebe vergeht auch wieder« liegen, deutet Begemann jeweils nur mit wenigen Hinweisen auf das Entstehen seiner Gedanken an:

I. … denn wo könnte ich anders sein
als da, wo du bist
wenn du mich dann liebst

II. … und alle, alle die uns sehen
werden uns beneiden
denn selbst, selbst dann
wenn sie es nicht wissen
wünschen sich alle Menschen
zu lieben und geliebt zu werden

III. … wenn du mich dann liebst, wird es wundervoll
ganz wundervoll
… alle sagen
sobald es wundervoll ist
steht schon fast fest
dass es so gut wie vorbei ist

sag, dass es bei uns nicht so ist
weil du mich jetzt liebst

Beim Lesen und Hören schöpft der Zuhörer aus seiner eigenen Erfahrung. Als einzige Verbindung benutzt Begemann in der letzen Zeile der ersten und dritten Strophe die im vorigen Kapitel beschriebene Vers-Variierung:

I. … wenn du mich dann liebst
III. … weil du mich jetzt liebst

So intensiviert er nochmals die beschriebene Liebesvision, was zugleich melancholisch und naiv-hoffnungsvoll klingt. Der Song bekommt dadurch einen dramaturgischen Bogen. Durch die Änderung nur eines Wortes (»wenn« in »weil«) entsteht eine andere Aussage.

Beim Lesen und aufmerksamen Hören schätzen wir solche Nuancen, die meist beim ersten Hören untergehen.

Alternatives Schreiben

Begemann war es bei WENN DU MICH DANN LIEBST offensichtlich egal, ob der Song kommerziell Erfolg hat oder nicht, was sich auch daran zeigt, dass er in dem Lied zugunsten einer direkten Sprache auf die Strukturmittel Reim, wiederkehrende Metrik und wiederholte Textpassagen verzichtet hat. Der Song wirkt dadurch ehrlich und glaubwürdig. Verse wie »Ich werde dir sagen, wie sehr ich dich liebe« überzeugen, obwohl sie sonst schnell klischeehaft und aufgesetzt erscheinen können.

Diese Wirkung erreicht er, weil wir als Hörer auf die Stilmittel von Songs reagieren und es sofort merken, wenn der Künstler sich einem Schema verweigert. Kommerziell gesehen haben solche Texte im Popbereich kaum eine Chance. Sie können aber überaus interessante und (für die Authentizität eines Künstlers) positive, imagebildende »Beigaben« für eine CD sein. Einem Song auf einer CD können wir konzentrierter folgen als beim Radiohören oder auf einem Konzert, zumal im CD-Player das Stück auch beliebig oft wiederholt werden kann.

ZUSAMMENFASSUNG:

- Die wörtliche oder fast wörtliche Wiederholung von Textteilen ist ein starkes stilistisches Mittel, um Inhalte zu verdeutlichen oder umzudeuten.
- Durch »Säen und Ernten« komprimieren wir Inhalte und schaffen Struktur, außerdem lassen sich Zusammenhänge damit spannend erzählen.
- Das Fehlen »normaler« Strukturelemente ist kommerziell gesehen fatal, kann dafür aber besonders authentisch und ehrlich wirken.

10

DIE BASIS: VERSE

In Gedichten und Songs nennt man die Zeilen Verse. »Der lateinische Ausdruck versus weist auf die Wendung, die Umkehr hin und bedeutet, dass der Vers keine geradeaus gehende Rede ist, sondern dass er durch Pausen unterbrochen wird und zum Versanfang zurückkehrt. Anders als in Sätzen entstehen in Versen (dadurch) besondere Zusammenhänge«, schreibt Thomas Wieke in *Gedichte schreiben.*

Durch ihre stilisierte Position und den dadurch bestimmten Vortrag erhalten Verse eine größere Bedeutung, als wenn es Fließtext wäre. Verse kann man auch mit einzelnen Einstellungen im Film vergleichen, aus denen sich die Szenen zusammensetzen. Mit der gewählten Sprache schaffen Sie die Atmosphäre Ihres Songfilms.

ÜBUNG:

- Hören Sie sich eines Ihrer Lieblingslieder an und schreiben Sie die einzelnen Verse um, in dem Sie den Inhalt jedes Verses kurz in andere Worte fassen.

Das Verdichten von Ideen in Zeilen

Beim Schreiben stellen Sie sich zunächst umfangreiche Sachverhalte, Ideen oder Gefühlszustände vor, die Sie erst durch das Niederschreiben präzisieren und fixieren. Wie beim Gedichtschreiben müssen Sie dann verdichten, komprimieren, denn Popsongs sind meist nur drei bis fünf Minuten lang. Am Anfang und zwischendurch gibt es musikalische Teile, am Schluss wird meist der Chorus wiederholt. Es bleiben also höchstens zwei Minuten, in denen alles, was Sie ausdrücken wollen, gesagt sein muss.

Es hat keinen Sinn, diese Zeitvorgabe nachzuvollziehen, indem wir das Lesen unseres Textes mit der Uhr stoppen. Das Singen eines Textes dauert deutlich länger als das Sprechen oder gar das stumme Lesen. Interessante Popsongs müssen auf das Wesentliche verdichtet werden, zum Beispiel durch die knappe bildliche Schilderung von Vorgängen wie in WAS SOLL DAS. Sie beschreiben konkrete Beispiele oder Erlebnisse, überlassen aber die Interpretation den Hörern. So sparen Sie Zeit und beziehen den Hörer gedanklich und emotional mit ein.

CAMEMBERT

(Text: MASEN ABOU-DAKN)

Hab das alte Foto entdeckt
War (so wie vieles) nicht gut genug versteckt
Die Erinnerung, anders als dein Bild
Nur ganz leicht vergilbt
Gebackenen Camembert
Hast du immer gegessen
Wenn ich jetzt einen sehe
Wird mir schlecht

Dies ist ein ungewöhnlich kurzer Songtext, der eher wie eine Notiz wirkt, ein gutes Beispiel für inhaltliche Verdichtung.

ÜBUNG:

- Schreiben Sie ohne vorher nachzudenken auf, was Ihnen zum Inhalt von CAMEMBERT einfällt.
- Sie wissen nicht, wie Sie anfangen sollen? Dann beginnen Sie mit: »Der Song erzählt die Geschichte eines Mannes, der …« und schreiben weiter.
  Das hilft Ihnen, sich auf wesentliche Aussagen zu konzentrieren: Auf die Einstellungen des Sängers, seine Vorgeschichte, seine Gedanken und Gefühle, sein Handeln.
- Suchen Sie einen ähnlich verdichteten Mehrzeiler, der sich mit einer persönlichen Erinnerung beschäftigt. Entwickeln Sie ein eige-

nes Thema oder halten Sie sich an folgende Vorgaben: Eine Frau findet im Regal ein Buch, in dem vor Jahren ihr Ex abends gelesen hat, bevor er am nächsten Morgen auf Nimmerwiedersehen gegangen ist.
- Nehmen Sie einen Roman und lesen Sie die erste Seite. Beschreiben Sie den Inhalt in einem ungereimten Vierzeiler. Lassen Sie Ihren Assoziationen freien Lauf.

Inhalte lassen sich am einfachsten verdichten, in dem Sie nach Beispielen und Allegorien suchen. Nehmen Sie dazu Details, die beim Hörer eigene Vorstellungen und Assoziationen wecken.

BEISPIELE:

- Das Wort »Urlaub« erinnert vielleicht an eine friedliche, entspannte Zeit am Strand – oder das Gegenteil: Hektik, schlechte Unterkünfte oder Reisekrankheiten.
- »Heim« suggeriert eine wohlige, geschützte Familiensituation – oder ein elternloses Aufwachsen in einem Waisenhaus.

Spielen Sie mit Assoziationen, indem Sie Erwartungen bewusst »enttäuschen« und gängige Klischees brechen. Auch so können Sie Ihre Aussagen verdichten und interessant umschreiben. Schon mit einem veränderten Wort können Sie eine ganz andere Aussage erhalten.

ÜBUNG:

- Was du für mich sein wirst
  kann ich dir jetzt noch nicht sagen
  für mich vergeht die Zeit nur in Minuten, nicht in Tagen
  (Aus ICH GUCKE NUR…)

Was sagt diese Personenbeschreibung alles über den Menschen und über die Situation, in der er und die Besungene sich befinden, aus?

Lyrische Verse

AM FENSTER

(Text: Hildegard Maria Rauchfuss)

Einmal wissen, dieses bleibt für immer
Ist nicht Rausch, der schon die Nacht verklagt
Ist nicht Farbenschmelz noch Kerzenschimmer
Von dem Grau des Morgens längst verjagt

Einmal fassen, tief im Blute fühlen
Dies ist mein und es ist nur durch dich
Nicht die Stirne mehr am Fenster kühlen
Dran ein Nebel schwer vorüberstrich

Einmal fassen, tief im Blute fühlen
Dies ist mein und es ist nur durch dich
Klagt ein Vogel, ach, auch mein Gefieder
Nässt der Regen, flieg ich durch die Welt
Flieg ich durch die Welt

Besonders in der ehemaligen DDR waren solche lyrisch stark codierten Texte sehr beliebt. Ein Problem bei lyrischen Songtexten wie AM FENSTER ist, dass der Inhalt oft sprachlich so verschlüsselt ist, dass es schwer fällt, dem Text zu folgen und ihn zu verstehen. Beim Nachlesen und Sinnieren kommt man solchen Texten näher.

Allerdings ist es grundsätzlich nicht unbedingt problematisch, wenn man lyrische Texte nicht immer genau deuten kann. Durch eine so entstehende mystische Stimmung oder durch die gewollte Unverständlichkeit eines Textes kann ein interessanter Song entstehen. Wichtig ist jedoch, dass dennoch irgendein ein deutbares Gefühl zum Ganzen beim Hörer entsteht. Deckt sich das Gefühl Ihrer Zuhörer mit dem, das Sie beim Schreiben hatten, können Sie den Text als »gelungen« werten. Schauen Sie nach dem Vortrag in leere, ratlose Gesichter, scheint am Text etwas nicht zu stimmen. Prüfen Sie beim Schreiben also immer wieder, ob die Inhalte und Gefühle, die Sie vermitteln möchten, für Dritte verständlich bleiben.

Klagt ein Vogel, ach, auch mein Gefieder
Nässt der Regen, flieg ich durch die Welt

Ein poetisches Bild und eine Übersetzung für den Gedanken, dass auch die Freiheit mit Nachteilen verbunden ist. Wenn allerdings der ganze Song aus Anspielungen besteht, werden die Hörer abschalten. Das Risiko, dass tiefgründige poetische Verse untergehen, ist hoch.

Hier ein Ausschnitt aus einem Song, der trotz unzeitgemäßer Sprache kommerziell sehr erfolgreich war:

Und wenn ein Lied meine Lippen verlässt
dann nur, damit du Liebe empfängst
durch die Nacht und das dichteste Geäst
damit du keine Ängste mehr kennst.
...
Dieses Lied ist nur für dich
schön, wenn es dir gefällt.
Denn es kam so über mich
wie die Nacht über die Welt.

Schnellt Gefahr aus der Dunkelheit
bin ich zum ersten Schlag bereit
ich bin der erste, der dich befreit
und einer der letzten, der um dich weint

(Aus UND WENN EIN LIED; Text: Xavier Naidoo)

Schreibt man in so einem Stil, besteht die Gefahr, dass der Hörer immer wieder aus dem eigentlichen Songfilm herausgerissen wird, weil er zunächst konstruiert wirkende Bilder und umständliche Zusammenhänge entschlüsseln muss. So bleiben die Inhalte teilweise unklar.

Bei dem Vers »(ich bin) einer der letzten, der um dich weint« ahnt man zwar, dass etwas Schmeichelhaftes ausgedrückt werden sollte, es könnte aber auch das Gegenteil gemeint sein. Und was bedeutet es, wenn »ein Lied über einen kommt, wie die Nacht über die Welt«? Ist es selbstverständlich, alltäglich, beeindruckend, eine schöne Situation, eine bedrohliche Verdunklung?

Nachlässig formulierte lyrische Texte können leicht ungewollt komisch klingen und falsch interpretiert werden. Fragen Sie sich deshalb immer wieder, ob eine vermeintlich »große« Sprache Ihre Inhalte tatsächlich sinnvoll überträgt.

Verse in Alltagssprache

STRASSE

(Text: Rio Reiser)

I. Sonne scheint durchs Fenster rein
und der Schnee schmilzt weg
seit heute bin ich wieder allein
in meinem schwedischen Bett

II. Deine Koffer warn ja schon lange gepackt
schätze seit 'nem halben Jahr
heute morgen bin ich aufgewacht
da warn se nicht mehr da

III. Du kommst nicht mehr zurück – ich weiß Bescheid
doch das wirft mich überhaupt nicht aus der Bahn
ich habe nur wieder mehr Zeit
für 'nen langen Roman

IV. Ach vielleicht haben wir ja beide schrecklich Recht
weiß man manchmal erst nach hundert Jahren
wer nun richtig falsch war und wer echt
dann isses uns wahrscheinlich auch egal

Ich geh
immer der Straße nach
immer der Nase nach
immer der Sonne hinterher
weiter in 'nen neuen Tag

V. Warum soll's uns auch anders gehen
als dem Rest der Welt
nach dem ersten »Ich liebe dich«
sind die Tage gezählt

VI. Unsere Alten ham's uns vorgemacht
und wir machen's wie sie
wir haben so viel über andere gelacht
aber über uns so gut wie nie

VII. Wir haben uns oft gestritten, das ist wahr
war das nicht auch oft ganz schön
ich mein vor allem manchmal danach
ich hab's jedenfalls so gesehen

VIII. Ach vielleicht haben wir ja beide schrecklich Recht
weiß man manchmal erst nach hundert Jahren
wer nun richtig falsch war und wer echt
dann isses uns wahrscheinlich auch egal

Ich geh
immer der Straße nach
immer der Nase nach
immer der Sonne hinterher
weiter in 'nen neuen Tag

IX. Ich lege 'ne Platte auf, dreh sie ganz laut
geb den bösen Geistern Hausverbot
schau zum Fenster raus
schau mal wer schaut
alles ist schon wieder fast im Lot

X. bestimmt kommst Du mal wieder vorbei
oder ruf mich einfach mal an
oder besser noch wenn ich die Adresse weiß
besuch ich Dich irgendwann

XI. Sonne scheint durchs Fenster rein
und der Schnee schmilzt weg
seit heute bin ich wieder allein
in meinem schwedischen Bett

XII. Ach vielleicht kommst Du ja morgen schon zurück
vielleicht komm ich ja auch zurück zu Dir
vielleicht wär das dann Pech
vielleicht auch Glück
aber ganz egal, was dann passiert

Ich geh
immer der Straße nach
...

Ein Text in Alltagssprache, das heißt mit Worten, in der Dinge so gesagt werden, wie wir im Umgang mit anderen Menschen reden, ist am einfachsten zu schreiben, wenn man sich erst einmal von der Vorstellung löst, dass Songtexte irgendwie »besonders« klingen müssen. Das Besondere eines Songtextes entsteht durch die Inhalte, die Struktur, die Reime und die stilisierte Versform. Schreiben Sie immer in der Sprache, die Ihnen persönlich »liegt« und sinnvoll erscheint. Verstellen Sie sich nicht.

Wenn Sie lyrisch-poetische Inhalte, aber keine schwülstigen Formulierungen mögen, seien Sie beruhigt: Lyrische Verse können selbstverständlich auch in zeitgemäßer Sprache entstehen. Jovanka von Willsdorf kombiniert in den Versen von LOCH IM TAG lyrisch-abstrakte Bilder mit Alltagssprache. Beim Lesen und Hören kann man die einzelnen semantischen Zusammenhänge leicht erfassen, während das zum Beispiel bei AM FENSTER höchste Konzentration und Assoziation braucht.

Ihre Texte werden zugänglicher und behalten dennoch Tiefe, wenn es Ihnen gelingt, mit einer »kleinen« Sprache »große« Inhalte darzustellen. (Im Gegensatz zur oben geschilderten umgekehrten Taktik). Mit »großem Inhalt« meine ich, dass wir über die Verse oder Strophen noch lange nachdenken können. Die Interpretationsmöglichkeiten der Poesie von LOCH IM TAG sind vielfältig und öffnen dem Hörer (falls er sich darauf einlassen will) zahlreiche Gedanken, ohne ihn dabei mit einer altertümlich anmutenden Wortwahl, aufgesetztem Wortpathos oder pseudolyrischen Satzgefügen zu verwirren.

Hier ein weiteres Zitat für Lyrik in Alltagssprache:

Erst war es nah, und dann kam es näher,
Erst in die Hölle und dann zu Ikea
die Ausfahrt zum Haus deiner Eltern
seit einigen Stunden verpasst

(Aus DIE AUSFAHRT ZUM HAUS DEINER ELTERN;
Text: Marcus Wiebusch)

Kunst- und Alltagssprache

Texte, die plötzlich in einen anderen Ausdruck oder auf ein anderes Sprachniveau wechseln, können den Hörer verwirren, weil er eine Bedeutung in dem Wechsel sucht. Greifen Sie deshalb nur zu diesem Mittel, wenn Sie diesen Bruch beabsichtigen.

Bin unter Tränen eingeschlafen
bin unter Tränen wieder aufgewacht
hab über dieselbe beschissene Frage
Zwei Millionen Mal nachgedacht
hab mich verdreht und mich gewendet
in demselben scheiß Problem
für dich ist es beendet
aber ich, ich, ich kann dich seh'n
ich kann dich seh'n
...

(Aus WENN DAS LIEBE IST; Text: Moses Pelham)

Die plötzliche Umgangssprache holt den Hörer sofort auf den Boden zurück. Die Pathetik, zu der vor allem Teenager als Verliebte neigen können, wird durch die realistische Straßensprache immer wieder geerdet.

Nur darf Ihr Songfilm dabei nicht reißen: Ein zu großer zeitlicher Abstand zwischen zwei solchen Polen (»unter Tränen eingeschlafen« / »beschissene Frage«) kann den Hörer verwirren. Pelham stellt diesen Wechsel gleich zu Beginn des Songs vor, so dass die grundlegende Stimmung sofort deutlich wird. In einem anderen Fall würde eine spätere Änderung des Tonfalls einen Ausstieg aus dem Songfilm bedeuten, da das zuvor installierte Genre unverhofft gewechselt würde. Diese Technik kann man zwar auch bewusst als »Wachrüttler« einsetzen, aber die wechselnde Stimmung könnte die Aufmerksamkeit des Hörers vom Inhalt auf die Form lenken.

ÜBUNG:

- Schreiben Sie intuitiv, ohne vorher darüber nachzudenken, jeweils einige Verse zu folgenden Ansätzen:
  Ich fühle mich heute …
  Meine Traumfrau steht plötzlich vor mir …
  Ich hasse/liebe das Fernsehprogramm …
- Was für eine Sprache haben Sie spontan benutzt?
- Haben Sie eher lyrisch geschrieben, dann schreiben Sie nun in Alltagssprache – und umgekehrt.
- Welche Wirkung hat die »andere« Sprache auf die Inhalte?
- Schreiben Sie eine bewusste Mischform, also lyrisch mit Alltagssprache und/oder umgekehrt.
- Übertragen Sie das auf Ihren SONG X.

Exkurs: Atembögen

Dass ein Text gesungen schwieriger zu verstehen ist, wenn man ihn hört, als wenn man ihn liest, kann zum Teil auch an einer ungünstigen

Struktur der Verse liegen. In dem Song AM FENSTER zum Beispiel sind einzelne Verse syntaktisch nicht vollständig, man kann einem Gedanken erst dann folgen, wenn man den zweiten inhaltlich dazugehörigen Vers gehört hat. Dazu noch einmal die schöne Stelle:

Klagt ein Vogel, ach, auch mein Gefieder
Nässt der Regen, flieg ich durch die Welt

Weil zwischen den beiden Versen in der Melodie eine größere Pause liegt, hat der Hörer Schwierigkeiten, die Verse gedanklich miteinander zu verbinden.

Einzelne Verse sollten deshalb auch für sich allein gestellt verständlich sein. Wenn sie es nicht sind, sollten in der Vertonung längere Pausen vermieden werden.

Bei LOCH IM TAG gelingt dies, auch in GRIECHISCHER WEIN sind die Verse relativ lang, aber sie überfordern nie den Atembogen des Sängers, so dass die langen Inhalte gesanglich verbunden bleiben.

Unser Atem reicht bei gesungenem Text weniger lang als bei einem gesprochenen. In einer Melodie, in der einzelne Silben auch noch zusätzlich gedehnt (»Du-u-u-u-u-u«) werden, oder bei einer sehr atemverbrauchenden Gesangstechnik hält der Luftvorrat noch kürzer. Ein ausgebildeter Sänger kann seinen Atem besser dosieren und dadurch längere Bögen singen.

ÜBUNG:

- Lesen Sie einen beliebigen Text laut vor, um festzustellen, wie weit Sie kommen, ohne Luft zu holen.
- Versuchen Sie nun denselben Text laut zu singen. Improvisieren Sie und arbeiten Sie einige gedehnte Silben ein.
- Hören Sie sich Songs an und achten Sie darauf, ob die Gedankenbögen der Verse mit dem Atembogen der Sänger übereinstimmen. Können Sie den Inhalten Vers für Vers folgen?

ZUSAMMENFASSUNG:

- Ein Popsong ist kurz, deswegen muss sein Inhalt verdichtet werden.
- Suchen Sie nach sprachlichen Bildern, Beispielen und Aussagen, die diese Inhalte konzentriert umschreiben und verdeutlichen (»übersetzen«).
- Die gewählte Sprache bestimmt die spezifische Atmosphäre des Liedes – die Tonalität des Songfilms.
- Pathetische, altertümliche Sprache kann unfreiwillig komisch wirken.
- Etablieren Sie schon in den ersten Versen die Stimmung des Songs. Bei einem späteren Wechsel könnte die Aufmerksamkeit des Hörers vom Inhalt auf die Form gelenkt werden.
- Längere Gedankenbögen, die auf mehrere Verse verteilt sind, sollten den Atembogen des Sängers nicht überfordern.

11

SONGELEMENTE UND TEXTSEGMENTE

Während man in Gedichten alle Versblöcke mit gleicher Struktur Strophen nennt, unterscheidet man in Liedern die Textsegmente nach ihrer inhaltlichen und strukturellen Bedeutung.

Strophen und Prechorusse schildern Inhalte und Details und leiten die Hörer hin zur Grundidee des Songs. Sie entwickeln das Songthema und bereiten den Boden für die Kernaussage (Haltung zum Thema). Eine eventuell vorhandene *Bridge* führt diese Entwicklung (meist vor den Schlusswiederholungen des Chorus) fort. Diese drei Teile – Strophe, Prechorus, Bridge – sind die entwickelnden Segmente.

Chorus und Refrain sind Kernsegmente, sie beschäftigen sich mit der thematischen Kernaussage des Songs.

Kernsegmente

Wenn Sie das Songthema und den inhaltlichen Rahmen entwickelt haben, werden Sie in Ihren Notizen und Textfragmenten auf Verse stoßen, bei denen Sie spüren: »Diese Zeilen sind besonders einprägsam und gelungen und beschreiben genau das, was ich mit dem Song sagen möchte.«

Solche Verse können eng an den Bezugsrahmen angelehnt sein und trotzdem eine allgemeingültige Aussage enthalten. Bei der Interpretation der Strophen dienen solche »Ankertexte« der Orientierung, weil in ihnen die Kernaussage des Songs formuliert wird.

Die Strophen leiten den Hörer zum Ankertext hin, während dieser umgekehrt den Strophen erst ihren inhaltlichen Kontext bietet. Das Zusammenspiel der verschiedenen Textsegmente erweckt den Song als Ganzes zum Leben und hebt ihn aus der Beliebigkeit aneinander gereihter Verse.

Refrain

Ein Refrain ist kein eigener Textblock, sondern ein Teil eines Segments, meist einer Strophe. Er ist im klassischen Sinne ein so genannter Kehrreim, d.h. ein wiederkehrender Vers. Wenn Sie eine solche Zeile am Anfang oder (häufiger) am Ende einer Strophe einsetzen, sollte dieser Vers einen Hook-Charakter haben, also leicht wiedererkennbar und möglichst mitzusingen sein. Der Refrain kann den Titel des Songs wiedergeben.

Das Knifflige an so einem Refrain ist, dass er die Strophen, die er abschließt, jeweils logisch ergänzen muss, wobei er zugleich eine inhaltliche Klammer für den ganzen Song bilden sollte. In der Praxis ist es deswegen oft einfacher, vom Refrain ausgehend die Strophen zu entwickeln als umgekehrt.

Hat der Song zusätzlich noch einen Chorus, könnte dieser mit dem Refrainvers beginnen oder enden, muss es aber nicht. In manchen Songs besteht der Chorus nur aus dem Vers des Refrains, er tritt dann in einer anderen Form auf als innerhalb der Strophen – zum Beispiel LOCH IM TAG, WAS HAT DICH BLOSS SO RUINIERT. Andere verwenden einen völlig unabhängigen Chorus.

Strophe I

Sein Pyjama liegt in meinem Bett
Sein Kamm in meiner Bürste steckt
Was soll das, was soll das? (Refr.)

Chrorus:

Womit hab ich das verdient …

(Aus: WAS SOLL DAS?; Text: Herbert Grönemeyer)

Hier ist der Refrain besonders gut gelungen. Die Strophen sind kurz, doch die ermüdende Wiederholung des Refrains wird vermieden, indem die Strophen manchmal anders enden, um dann wieder zur ursprünglichen Form zurückzukehren (im Gegensatz zu REEPERBAHN).

Eine interessante Variante wurde im folgenden Beispiel verwendet. Hier gibt es keinen Chorus – nur den Refrain. Der allegorische Vergleich »Weißes Papier« steht in jedem Kapitel in einem anderen Zusammenhang.

WEISSES PAPIER

(Text: Sven Regener)

I. Ich nehm deine Katze und schüttel sie aus
Bis alles herausfällt
Was sie jemals aus meiner Hand fraß
Später klopf ich noch den Teppich aus
Und finde ich ein Haar von mir darin
Dann steck ich es einfach ein
Nichts soll dir böse Erinnerung sein
Verraten, was ich dir gewesen bin
Sag nicht, dass das gar nicht nötig wär
Denn schmerzhaft wird es erst hinterher
Wenn wieder hochkommt, was früher mal war

Dann lieber so rein und so dumm sein
wie weißes Papier

II. Auch werd ich in Zukunft ein anderer sein
Als der, den du in mir sahst
Die Hose, die du mir gehäkelt hast
Werf ich in den Container der Heilsarmee rein
Ich ess auf dem Fußboden aus der Hand
Seh mir jeden Trickfilm im Fernsehen an
Alles, was du nicht magst, lobe ich mir

Ich werde einfach so rein und so dumm sein
wie weißes Papier

III. Nicht mal das Meer darf ich wiedersehen
Wo der Wind deine Haare vermisst
Wo jede Welle ein Seufzer
Und jedes Sandkorn ein Blick von dir ist
Am liebsten wäre ich ein Astronaut
Und flöge auf Sterne, wo gar nichts vertraut
Und versaut ist durch eine Berührung von dir

Ich werd nie mehr so rein und so dumm sein
wie weißes Papier

ZUSAMMENFASSUNG:

- Der Refrain ist ein Vers (oder ein Versteil), der mehrfach wiederholt wird und am Anfang oder Ende eines Textsegmentes steht.
- Er enthält eine Kernaussage des Songs.
- Er sollte gut zu merken und mitzusingen sein.
- Zusätzlich zum Refrain kann ein Chorus eingesetzt werden.

Chorus

Der vielleicht wichtigste Teil eines Songtextes ist der Chorus. Selbstverständlich kann er ohne den übrigen Text seine Wirkung nicht entfalten. Oft werden darin Wendungen verwendet, die gut im Gedächtnis bleiben. Der Chorus wird meist wörtlich wiederholt, aber man kann auch Details variieren, um Thema und Haltung zu verdeutlichen.

Musikalisch gesehen ist der Chorus meist der Höhepunkt des Songs. Die Melodie des Chorus sollte zum Mitsummen verleiten, ohne zu simpel zu wirken. Die emotionale Stimmung des Songs sollte in der Melodie des Chorus erkennbar sein. Text und Musik sollten im Chorus so interessant sein, dass der Hörer sich wünscht, den Song mehrfach zu hören.

Im Chorus wird das Thema des Songs und unsere Haltung dazu als endgültig wirkende Aussage dargestellt, kommentiert oder zusammengefasst. Es wird *nicht* mehr dargestellt, wie der Sänger auf seine Gedanken darauf kam oder welche Schlüsse und Alternativen sich daraus ergeben (all dies zeigen wir in den entwickelnden Segmenten).

Normalerweise wird mit dem Chorus also die inhaltliche Entwicklung – für das entsprechende Kapitel oder für den ganzen Song – abgeschlossen. Bei einer mehrfachen Wiederholung des Chorus am Schluss des Songs hat man dadurch nicht das Gefühl, dass inhaltlich etwas fehlt.

Hier eine Auswahl an gelungenen Beispielen: ÜBER DEN WOLKEN, GUTEN TAG, WAS SOLL DAS?, STRASSE, WENN DAS LIEBE IST, EVELIN.

ÜBUNG:

- Interpretieren Sie die drei Blöcke von WENN DU MICH DANN LIEBST als Strophen, und versuchen Sie den Inhalt, die Kernaussage für einen Chorus zu finden. Entwerfen Sie ihn zunächst in Prosa-, dann in Versform.
- Entwickeln Sie den Chorus für Ihren SONG X.
  - Definieren Sie vorher die universelle Aussage und
  - erarbeiten Sie aus Ihren Textfragmenten die Verse.

ZUSAMMENFASSUNG:

- Im Chorus fixieren wir das Songthema, die zentrale Idee, unsere Haltung und Gefühlslage dazu.
- Ein Chorus ist meist universell.
- Kommerziell erfolgreiche Chorustexte sind meist leicht zu merken und animieren zum Mitsingen.

Entwickelnde Segmente
Strophe

Noch einmal zurück zu ÜBER DEN WOLKEN: Die Strophen sind inhaltlich gegliedert:

I. Der Sänger sieht den Flieger starten.
II. Der Flieger entfernt sich.
III. Der Flieger ist weg, der Sänger kehrt zurück in die Realität.

Die Inhalte der Strophen ergeben sich aus dem Bezugsrahmen: »Ein Mann beobachtet am Flughafen startende Flugzeuge«. Reinhard Mey schildert in den Strophen verschiedene Zustände und Situationen, die jeweils in das emotionale Resümee, den Chorus »Über den Wolken muss die Freiheit …«, übergehen. Erst in ihm – und nur dort – schildert er die Gefühle der Figur und die sehnsüchtige Haltung des Sängers.

Die eigentliche Aussage, die Sie mit dem Lied treffen wollen und die konkrete Darstellung Ihrer Haltung sollten Sie nicht in den Strophen formulieren. Sie wollen ja nicht das Interesse des Hörers dadurch verlieren, dass Sie gleich alles auf einmal erzählen. Vermeiden Sie eine allzu eindimensionale, direkte und damit langweilige Darstellung. Der Hörer wird in den Songfilm aktiv eingebunden, wenn er selbst die verschiedenen Segmente zu einem sinnvollen Ganzen verbindet.

Machen Sie sich immer wieder bewusst, welche Funktion jede einzelne Strophe dabei hat. Wir setzen die variierenden Teile eines Songs beim Hören automatisch in Bezug zu dem Chorus oder dem Refrain. Stellen Sie sich beim Schreiben die Frage »Wie wirkt das nächste Kernsegment, wenn man davor die entsprechende Strophe gehört hat?« Wirkt ein Text zu lang, liegt das oft an der fehlenden Unterscheidungskraft der verschiedenen Kapitel. Selbst wenn Sie mit völlig neuen Worten das Gleiche wie in einer vorangegangenen Strophe erzählen, wirkt der ganze Song langweilig.

Ein in Deutschland und international sehr erfolgreicher Song, 99 LUFTBALLONS von Nena, hat in seinen Strophen zum Beispiel eine sich entwickelnde Geschichte erzählt. Bemerkenswert ist dabei, dass das Lied keinen Chorus besitzt, es gibt keinen längeren Block zum Mitsingen. Hier hat allein die Kraft der klar strukturierten Erzählung die Hörer begeistert.

Der Song besteht aus zwei Arten von Strophen:

- zwei »Erzähler-Strophen« (Einführung/Nachwort) und
- drei »Erzählungs-Strophen« (die eigentliche Geschichte).

Die verbindenden Strukturelemente sind die stilisierte Wiederholung der Zahl 99, die damit verbundene Idee sowie der Refrain (»99 Luftballons«) als Hook.

Meist ist aber ein Chorus vorhanden, wir müssen deshalb darauf achten, dass die Strophen immer im Bezug zum Chorus stehen und dem, was er uns erzählen will. Die Strophen führen in das Thema ein:

- *Sie erzählen, wo wir uns befinden und*
- *was bereits passiert ist oder passieren wird.*
- *Wir erfahren, wer welche Rolle spielt und*
- *wie sich einzelne oder alle Figuren (einschließlich des Sängers) fühlen.*
- *In den Strophen erzählen wir alles, was der Hörer wissen muss, um den nächsten Chorus zu interpretieren.*
- *Wir erklären die Entwicklung, die die Geschichte nimmt.*
- *In lyrischen Songs werden in den Strophen vor allem die Emotionen des Sängers und seine Empfindungen wiedergegeben.*

Die erste Strophe

In der ersten Strophe wollen wir den Hörer davon überzeugen, sich auf unseren Songfilm einzulassen, indem wir Folgendes interessant schildern oder andeuten:

- *die Vorgeschichte zum Inhalt des Songs,*
- *die Ausgangslage der Figuren,*
- *die atmosphärische Situation, in die der Sänger uns nun führt,*

- *die emotionale Stimmung, in der sich die Figuren oder der Sänger befinden.*

Eine gelungene einführende erste Strophe finden wir in folgendem Song, mit dem die zeitweise sehr erfolgreiche Band »Echt« ihren Durchbruch hatte:

Du ziehst nervös an deiner Zigarette
Du hast das Rauchen wieder angefangen
Du fragst mich nach meinem Befinden
Wie du siehst, ist es mir gut ergangen

Du schweigst und schlägst die Augen nieder
Mit deinem neuen Freund ist es schon vorbei
Es scheint, das passiert dir immer wieder
Kannst nie lange bei jemandem sein

(AUS: DU TRÄGST KEINE LIEBE IN DIR;
Text: Michel van Dyke)

Alles, was wir wissen müssen, um die Situation und Meinung des Sängers, die sich im Chorus ausdrückt, zu verstehen, wird in den ersten beiden Strophen bildhaft erzählt. Ganz ähnlich und genauso mitreißend dichtet Rio Reiser in STRASSE. Beide Beispiele enthalten eine konkrete Situation, die das Interesse des Hörers weckt.

Bei WENN DAS LIEBE IST geht es zu Beginn um die Gefühlslage der Sängerin, bei LOCH IM TAG um die merkwürdige, poetische Umschreibung ihrer Sicht der Dinge. Hier wird kein Erlebnis geschildert. Auch das gelingt gut, wenn der Hörer den emotionalen Zustand des Sängers deutlich genug nachempfinden kann. In dem Fall ist es wichtig, dass Sie bereits in den ersten Zeilen die Atmosphäre des weiteren Textes andeuten, weil dadurch sowohl das Verständnis des ersten Chorus als auch des gesamten Songs vorbereitet wird. Geschieht dies nicht durch einen konkreten Inhalt, dann muss allein die Atmosphäre und Stimmung den Hörer fesseln.

ÜBUNG:

- Hören Sie sich verschiedene Songanfänge an und achten Sie darauf, wodurch Ihr Interesse in den ersten Versen geweckt wird.
- Ist es der Inhalt oder die Atmosphäre oder beides?

Die weiteren Strophen

Die meisten Popsongs enthalten zwei oder drei Kapitel, selten mehr. Sie schreiben also mindestens zwei oder drei Strophen und bestimmen schon mit der ersten Strophe ungefähr die Melodie. Die weiteren Strophen sollten möglichst in der gleichen Metrik geschrieben sein wie die erste. Auch das Reimschema sollte mehr oder weniger unverändert bleiben. Moderne Songs müssen in Metrik und Reimschema nicht hundertprozentig identisch sein, wie es früher noch gefordert wurde. Damit man die weiteren Strophen zur gleichen Musik singen kann, sollte jedoch der Umfang eingehalten werden, damit der Text im gleichen Zeitraum singbar ist wie die erste Strophe – selbst wenn dabei andere musikalische Phrasierungen verwendet werden.

Bei der zweiten Strophe sollten Sie andere Facetten Ihres Themas beleuchten, zum Beispiel:

- *Wie geht die Geschichte weiter?*
- *Welche neuen Seiten, Inhalte, Farben Ihres Themas und Ihres Inhalts schildern Sie nun?*
- *Aus wessen Sicht?*
- *Welchen Aspekt Ihres Inhalts und Themas heben Sie hervor?*
- *Welche emotionale Veränderung des Sängers oder der Figuren schildern Sie?*

BEISPIELE

99 LUFTBALLONS

I. Einführung: Ich erzähle euch eine Geschichte.
II. Die Luftballons sind in der Luft, Alarmbereitschaft.
III. Die Luftballons wurden angegriffen, die Armeen fühlen sich provoziert.

IV. Krieg.
V. Die Welt ist zerstört.

WEISSES PAPIER

I. Ich bemühe mich: Du sollst nicht mehr an mich denken müssen.
II. Endlich frei: Ich werde ohne dich ganz anders sein.
III. Es hat keinen Sinn: Alles wird mich immer an dich erinnern.

NIE MEHR ALLEIN

I. Er stellt fest, wie allein er ist.
II. Sein Alltag überrollt ihn – deswegen findet er niemanden.
III. Er stellt sich vor, wie toll es wird, wenn er jemanden gefunden hat.

Weitere gut differenzierbare Beispiele: WIE TIEF KANN MAN SEHEN, DU TRÄGST KEINE LIEBE IN DIR, GRIECHISCHER WEIN, POLYESTERLIEBE, MÄDCHEN (Lucilectric).

In REEPPERBAHN zum Beispiel werden die Aussagen der Strophen Nicht variiert. Dadurch wirken alle Kapitel nahezu identisch, obwohl sie andere Details schildern:

Strophe I

Ich komm herum, hab viel gesehn
Istanbul, New York, Athen
doch überall bin ich'n bisschen traurig

Strophe II

Ich stehe cool in Venezia
mit 'nem Drink in Harry's Bar
und wieder bin ich irgendwie so traurig

Strophe III

Ob im Underground von Wien
Fesche Madels auf dem Knien
überall bin ich 'n bisschen traurig

(Aus REEPERBAHN; *Text: Udo Lindenberg*)

Beim Anhören des Liedes, werden Sie die negative Wirkung noch deutlicher spüren. Das was in den Strophen an Inhalt entwickelt werden sollte, um auf den Chorus hinzuarbeiten, nämlich die Aussage, »Ich war in der ganzen Welt, aber überall fehlte mir etwas«, wird bereits in den ersten drei Versen erzählt. Das Interesse nimmt von Strophe zu Strophe ab, weil wir darauf warten, dass eine Veränderung eintritt, eine neue Sicht der Dinge geschildert wird. Der Refrain »bin ich 'n bisschen traurig« und »bin ich irgendwie so traurig« und die wörtliche Wiederholung des Prechorus wirken dadurch zusätzlich redundant.

Besser wäre es gewesen, vor dem ersten Chorus das Heimweh zu schildern und im zweiten das Zurückkehren. Oder jemand anderes, der die Reeperbahn gar nicht mag, wäre zu Beginn des zweiten Kapitels zu Wort gekommen (»da fragt mein Kumpel mich: Was willst du denn da?«) und der Sänger überzeugt ihn nun durch entsprechende Details vom Gegenteil.

Sollten sich in der Entwicklung keine Ansätze ergeben, konzentrieren Sie sich noch einmal auf Ihren Bezugsrahmen. Welche Details und Inhalte ergeben sich aus ihm? Entwickeln Sie daraus dann die Handlungen und ihre Darstellung.

ÜBUNG:

- Stellen Sie sich vor, Sie schreiben den Song
  IMMER WENN ICH SIE SEHE.
  Inhalt: Ein alter Mann sieht nach Jahrzehnten seine unglückliche Jugendliebe wieder. Er traut sich aber – genau wie damals – nicht, sie anzusprechen.
  Der Chorus lautet:
  Immer wenn ich sie sehe
  fang ich wie blöd zu stottern an
  dabei würd ich ihr gerne sagen
  wer ich bin und was ich kann
  immer wenn ich sie sehe
  ist mein Kopf wie leergefegt

dabei würd ich ihr gern zeigen
dass mein Herz für sie nur schlägt

- Entwickeln Sie zunächst zwei Strophen in Prosaform.
  Dafür vier dramaturgische Vorschläge:
  Formale Veränderung:
  Zeit: Damals / heute
  Figuren: Ich / sie
  Inhaltliche Veränderung:
  Er erkennt sie und versucht's / sie erkennt ihn nicht.
  Er traut sich nicht / er tut's, und sie wartet schon seit ihrer Jugend darauf.
- Denken Sie daran, wie jeweils der Chorus wahrgenommen wird.
- Schreiben Sie zu dem Stropheninhalt, der Ihnen am besten gefällt, einen poetisch verdichteten Text in Versen. Egal ob gereimt oder ungereimt, rhythmisch strukturiert oder unmetrisch.
- Zu Ihrem SONG X:
  Entwickeln Sie aus Ihren Notizen zwei Stropheninhalte.

ZUSAMMENFASSUNG:

- Strophen *entwickeln* Inhalte, Situationsbeschreibungen und Handlungen.
- Sie haben eher erzählerischen Charakter als kommentierenden oder zusammenfassenden.
- Jede Strophe sollte möglichst einen neuen Aspekt der Kernaussage beleuchten.
- Die erste Strophe muss uns in alles einführen, was wir zum Verständnis und Mitfühlen des Songs benötigen.
- Die weiteren Strophen müssen neue Aspekte, Ansichten und Perspektiven zum Thema schildern.

Prechorus

Wenn der Chorus direkt auf eine Strophe folgt, kann der abrupte Übergang die Hörer irritieren. Deshalb kann es sinnvoll sein, einen Prechorus einzusetzen.

Mit diesem Songelement, das zwischen Strophe und Chorus steht, können Sie eine inhaltliche Verbindung schaffen. Dabei sollte sich der Prechorus inhaltlich sowohl auf die Strophe als auch auf den folgenden Chorus beziehen.

Oft bedeutet dies, dass wir im Prechorus vom Konkreten der Strophe zum Abstrakten des Chorus übergehen. Er kann das Thema dabei ebenso weiterentwickeln wie eine Strophe.

In GRIECHISCHER WEIN und auch in ÜBER DEN WOLKEN ist der Chorus selbst schon eine so geschickte poetische Mischung aus dem Spezifischen der Strophe (»die trinkenden Männer« / »der Flughafenbesucher«) und dem Allgemeinen (»die Einsamkeit und die Sehnsucht nach der Heimat« / »die Sehnsucht nach der Freiheit des Fliegens«), dass ein überleitender Prechorus unnötig wird.

Aber wann ist ein Prechorus nötig, und wie gestaltet man ihn sinnvoll? Stellen Sie sich Ihren Songfilm vor: Sie schildern eine Begegnung und als Kontrast dazu eine Szene, in der Sie einen Erzähler zu Worte kommen lassen. Sie brauchen nun eine verbindende Übergangsszene. Im folgenden Song wird das gut erkennbar.

IMMER NOCH

(Text: Masen Abou-Dakn)

I. Wenn du immer noch plötzlich auf mich stehst
und mit 'nem Flüstern mir den Kopf verdrehst
wenn du mir immer noch kleine Briefe schreibst
und wenn du geh'n musst, doch noch fünf Minuten bleibst

Wenn du für mein Glück deine Sterne fragst
und jedem Kleeblatt meinen Namen sagst
wenn du für mich immer noch Pferde stiehlst
beim Jahrmarkt nur für mich auf Rosen zielst

PC I. Dann soll es wohl so sein
dass es ist, wie es ist
mit uns war es schon schlimm
und es wird schlimmer noch

Es gilt immer noch

II. Wenn ich immer noch bei Freunden von dir schwärme
nur beim Erzählen schon was Neues von dir lerne
wenn ich dir immer noch beim Zähneputzen zuseh'
und mit dir zwölfmal in deinen Lieblingsfilm geh'

Wenn ich für dich immer noch Blumen klau
und manchmal rumlauf wie ein durchgeknallter Pfau
wenn ich dir immer noch solche Lieder sing
und manchmal stumm vor Glück keinen Ton rausbring

PC II. Dann soll es wohl so sein
dass es ist, wie es ist
mit uns war es schon schlimm
und es wird schlimmer noch

Es gilt immer noch

III. Wenn wir sogar beim Frühstück schon lächeln können
beim Streiten auch das letzte Wort dem andern gönnen
wenn wir noch Herzen schneiden in die alten Rinden
beim Küssen immer neue Lieblingsstellen finden

PC III. Dann soll es wohl so sein
und es ist gut, wie es ist
mit uns ist es so schlimm
und es wird schlimmer noch

Es gilt immer noch
es gilt für immer und es wird noch schlimmer
immer noch

Die Strophen, in denen aufgezählt wird, was jeder für den anderen tut, werden erklärt und ergänzt durch die Zeilen mit allgemeiner Aussage

Dann soll es wohl so sein
dass es ist, wie es ist…

So wird zum tatsächlich allgemeinen

Es gilt immer noch

übergeleitet. Beachten Sie dazu bitte auch die kleine Variation im Prechorus III, wo es nun heißt:

Dann soll es wohl so sein
und es ist gut, wie es ist

Prechorus I und II stellen also die aktuelle Situation fest, während der Prechorus III eine eindeutig positive Haltung zur Beziehung wiedergibt.

Prechorus mit neuer Struktur

Im Prechorus wird die Struktur der Strophen meist nicht übernommen. Ändern können sich die Versanzahl, die Länge der Verse und das Reimschema.

Die neue Textstruktur benötigt eine neue Melodie. Der Song kann bei einem entsprechenden musikalischen Arrangement vor seinem »Höhepunkt«, dem Chorus, noch einmal eine Pause einlegen. Die verschiedenen Segmentstrukturen wechseln sich ab und bestimmen im Song die rhythmischen und melodischen Farben.

Es gibt sogar den Prechorus, der nur einen Vers hat. Bei GEILE ZEIT zum Beispiel wird diese Zeile mehrmals wiederholt.

> Die Nächte kommen, die Tage gehen
> es dreht und wendet sich
> hast du die Scherben nicht gesehen
> auf denen du weitergehst

wo ist das Licht, wo ist dein Stern
er fehlt, er fehlt hier
du fragst mich, wo er geblieben ist

Wird alles anders? Wird alles anders? Wird alles anders?

Ja, ich weiß, es war ne geile Zeit
uns war kein Weg zu weit
du fehlst hier
Ja, ich weiß, es war ne geile Zeit
hey es tut mir leid
es ist vorbei - es ist vorbei

(Aus GEILE ZEIT; Text: Simon Triebel)

Der Prechorus als Frage wie in diesem Song wirkt interessant. So wird die Unbeständigkeit und die Verlorenheit in der Situation betont. Die Antwort wird im Chorus erwartet. Dass er diese Erwartung dann nicht erfüllt, ist thematisch konsequent.

Im folgenden Beispiel enthält der erste Prechorus keine Reimstruktur. Er wirkt im Vergleich zur ersten Strophe auch metrisch unausgewogen. Durch die damit erzwungene andersartige Vertonung erreicht der Autor, dass wir nach dem Hören der ersten Strophe in eine neue, instabile Stimmung geraten. Wir kommen sozusagen aus dem »Hör-Tritt«. Wir erwarten eine Auflösung der Spannung, der Chorus wirkt dadurch stabilisierend. Seine Wirkung als Höhepunkt wird betont.

EVELIN

(Text: Niels Frevert)

Mein Baby sagt
sie kriegt von mir nie genug
sie kümmert sich
ich kümmere mich, es geht mir gut

die anderen meinen es ernsthaft
und ehrlich mit mir
aber ihre seltsame Art
ist mir irgendwie lieber

Evelin
es reicht, wenn wir uns nur gut verstehen
Evelin
wenn's Liebe wär'
könnt' ich eh nicht mit umgehen
Evelin
ich lass mich fallen, und sie fängt mich auf
sie ist für mich da, wenn ich sie wirklich brauch

Ich bin sehr, sehr müde
und sie rutscht nur ein Stück
es ist so schön warm
in ihrem versifften Bett

Mein Baby sagt, sie mag mich
und das zeigt sie mir
behandelt mich richtig
ich häng' an ihr

Eveline
es reicht, wenn wir uns nur gut verstehen
Eveline
wenn's Liebe wär'
könnt' ich eh nicht mit umgehen
Eveline ich lass mich fallen und sie fängt mich auf
sie ist für mich da, wenn ich sie wirklich brauch

Strophe mit Prechorus-Funktion

Vielleicht möchten Sie nicht mit einem anders strukturierten Prechorus arbeiten. Dann sollten Sie jeweils in der letzten Strophe vor dem Chorus zumindest inhaltlich zu diesem überleiten.

Ein gelungenes Beispiel ist STRASSE von Rio Reiser. Thema und Inhalt rechtfertigen dramaturgisch durchaus, dass der Autor in der Art einer Moritat außergewöhnliche viele Strophen verwendet. Da hier der »unaufhaltsame Lauf des Lebens« erzählt wird, zieht sich das verwendete musikalische Pattern durch den kompletten Song. Ein Prechorus mit neuem Text und neuer Musik wäre unpassend.

So benutzt Rio Reiser für alle sich entwickelnden Segmente die gleiche rhythmische und eine relativ konstante metrische Struktur. Tatsächlich könnte man die Teile IV, VIII und XII also für normale Strophen halten. Der entscheidende Unterschied ist der besonders gelungene inhaltliche Übergang zum Chorus.

IV und VIII)
Ach vielleicht haben wir ja beide schrecklich Recht
weiß man manchmal erst nach hundert Jahren
wer nun richtig falsch war und wer echt
dann isses uns wahrscheinlich auch egal

Ich geh immer der Straße nach…

Während die normalen Strophen Einzelheiten aus dem Beziehungs- oder erneuten Single-Alltag schildern, führen uns die prechorusartigen Strophen inhaltlich zum Chorus, indem sie die allgemeine Frage aufwerfen, wer Recht oder Unrecht hatte und wer »falsch« oder »echt« war, was am Ende egal ist – der perfekte Übergang zum lakonisch-poetischen Lebensmotto »Ich geh immer der Straße nach«.

Reiser verwendet zweimal denselben Übergang, beim dritten Mal variiert er ihn. Darin schildert er zugleich die Möglichkeit des erneuten Zusammenkommens verbunden mit der unverändert partnerunabhängigen Meinung, dass das eben sowohl Glück als auch Pech bedeuten könnte. Der Übergang ist wieder vorbildlich, der Chorus bekommt eine neue Bedeutung:

XII) Ach vielleicht kommst Du ja morgen schon zurück
vielleicht komm ich ja auch zurück zu Dir
vielleicht wär das dann Pech
vielleicht auch Glück
aber ganz egal, was dann passiert

Ich geh immer der Straße nach...

Die ersten zwei Kapitel beleuchten die Situation des auch allein lebensfähigen Singles. Der letzte Chorus hingegen bekommt durch die andere Überleitung eine neue Haltung: »Auch wenn wir irgendwann wieder zusammen kommen werden – ich bleibe auch dann innerlich unabhängig (bei mir). Das Leben geht eben so oder so immer weiter.«

ZUSAMMENFASSUNG:

- Ein Prechorus ist ein entwickelndes Element zwischen Strophe und Chorus.
- Inhaltlich sollte ein Prechorus von der spezifischen Strophe in den universellen Chorus überleiten.
- Ein Prechorus mit anderer Struktur als die der Strophe kann bei der Vertonung eine Unterbrechung der Melodieführung bewirken und den anschließenden Chorus positiv betonen.
- Der Prechorus sollte von der Metrik und der Reimgestaltung her möglichst unausgewogen wirken.
- Wenn Sie nur mit gleich strukturierten Strophen arbeiten wollen, müssen Sie den inhaltlichen Übergang zum Chorus beachten.

Bridge

Der Hörer erkennt spätestens nach der ersten kompletten Wiederholung des Schemas (Strophe/Chorus) die Struktur des Songs, zum Beispiel Strophe I/Chorus, Strophe II/Chorus. Um einen Ermüdungseffekt zu vermeiden, können Sie die Struktur durch eine so genannte Bridge unterbrechen. In diesem neuen Textteil haben Sie alle Freiheit, was Metrik und Reim angeht, und können darüber hinaus die Kernidee etwas anders beleuchten. Es soll beim Hören ein »Neuheitsgefühl« entstehen, ohne einen »neuen Song« zu beginnen.

In WAS SOLL DAS? zum Beispiel wird in den Strophen hauptsächlich geschildert, was der Sänger sieht. Angesprochen wird ausschließlich die Frau. Dies ändert sich aber in der Bridge:

> Ihr glotzt mit euren Unschuldsmienen
> Wie zwei, die einander verdienen …

Hier werden neue Taktiken angewandt: Auch der Rivale wird direkt angesprochen, so als würde der Sänger am Gesprächstisch die Blickrichtung ändern. Die Ernsthaftigkeit der Gefühle der beiden wird in Zweifel gezogen und die Moral ins Spiel gebracht. Die Bridge ist hier das Letzte, was er sagt, bevor er geht.

Gelungen ist die Bridge auch im folgenden Beispiel.

> (Chorus)
> Komm sag mir nicht
> sag mir nicht, sag mir nicht,
> sag mir nicht, dass du mich magst
> wenn du
> wenn du nie, wenn du nie tust, was du sagst
> Liebe ist nicht nur ein Wort
> mach sie wahr, sonst geht sie fort
> lass uns leben und nicht immer reden
> (Bridge)
> Und mein Herz braucht keine Worte
> es kann dich fühlen, ohne hinzuhören

was es spürt, sind doch die Dinge, die man
die man nicht sagen kann

(Aus SAG MIR, WAS MEINST DU; Text: Britta Blum, Kerima Holm, Peter Jan Ledin, Peter Moden, Carl Yngve Sahlin, Vincent Vero, Bjoern Wiese)

Während sich die Strophen mit dem Verhalten des Liebsten, der nur redet, beschäftigen und der Chorus die realistische Aussage »Liebe muss man leben – nicht zerreden« enthält, wird durch die Bridge die emotionale Erklärung dazu geliefert: »Was das Herz fühlt, braucht man nicht auszusprechen.«

Durch diese Ergänzung bekommt der abschließende Chorus einen neuen Hintergrund und durch die inhaltliche ergänzende Zäsur der Bridge neuen Antrieb.

In WIE TIEF KANN MAN SEHEN wird als Bridge verdichtet die Situation der Jetzt-Zeit des Songs reflektiert.

Die erste Nacht, der letzte Zug
der freie Fall, der zerbrochene Krug
das war's,
außer all den Blicken ins Glas

Das Vergangene und die Konsequenz daraus werden geschildert: die Blicke ins Glas – die ja auch den Titel geben und ein Detail des Bezugsrahmens sind.

ZUSAMMENFASSUNG

- Die Bridge ist ein neuer Songteil, der vor der letzten Wiederholung des Chorus eingesetzt werden kann.
- Versaufteilung, Länge, Metrik und Reimschema der Bridge unterscheiden sich von den anderen Segmenten des Songs.
- Mit der Bridge können die zentrale Idee, das Thema, die Haltung neu beleuchtet, intensiviert oder gebrochen werden.

ÜBUNG:

- Hören Sie sich möglichst viele Songs an und achten Sie darauf, ob es eine Bridge vor dem Schlusschorus gibt.
- Vergleichen Sie den Inhalt der Bridge mit dem der Strophen.
- Vergleichen Sie die Versstruktur der Bridge mit den Strukturen von Strophe und Chorus.
- Wirkt die Bridge »frisch«? Erzählt sie etwas Neues?
- Suchen Sie bei einem Song eine alternative Bridge. Was könnte man anderes erzählen?
- Ignorieren Sie die Melodie, vermeiden Sie die in Strophe und Chorus verwendete Metrik und schreiben Sie eine neue Bridge.

Song-Gliederungen

Sie können Ihren Song auf verschiedene Arten gliedern. Beim Kunstlied oder Chanson zum Beispiel ist alles möglich. SIE WOLLEN UNS ERZÄHLEN, WENN DU MICH DANN LIEBST, AM FENSTER oder auch POLYESTERLIEBE kommen ohne Chorus und fast ohne wörtliche Wiederholungen aus. Dies ist aber eher unüblich. Hier die Varianten, die am häufigsten verwendet werden mit entsprechenden Beispielen:

Grundform

Strophe I
Chorus
Strophe II
Chorus

Wobei es sich auch jeweils um Doppelstrophen handeln kann. Beispiele: CELLO, GRIECHISCHER WEIN, FLUGZEUGE IM BAUCH

Nur selten werden drei Strophen verwendet:

Strophe I
Chorus
Strophe II
Chorus

Strophe III
Chorus
Beispiele: ÜBER DEN WOLKEN, STATUS: QUO VADIS.

Es sollte in der dritten Strophe aber tatsächlich etwas Neues, Wichtiges und Interessantes erzählt werden. Wenn Sie drei Kapitel benötigen, sollten Sie lieber eine Bridge-Variante entwickeln.

Mit Prechorus
Strophe I
Prechorus I
Chorus
Strophe II
Prechorus II
Chorus
Beispiele: DU TRÄGST KEINE LIEBE IN DIR, EVELIN.

Selten wird der erste Chorus in einer gekürzten Version verwendet. Damit erhielte der Hörer zunächst eine Kostprobe des Chorus, bevor ihm mehr geboten wird.
Intro (oder Strophe)
gekürzter Chorus
Strophe
Chorus
Strophe
Chorus
Beispiel: WAS HAT DICH BLOSS SO RUINIERT

Sie können auch in den ersten Kapiteln den Chorus weggelassen, um den Höhepunkt zu verzögern und zu viele Wiederholungen zu vermeiden.
Strophe I
Strophe II
Chorus
Strophe III
Chorus
Beispiel: WENN DAS LIEBE IST

Wenn mit zwei Strophen begonnen wird, kommt der erste Prechorus meist erst vor dem ersten Chorus.

Strophe
Strophe
Prechorus
Chorus
Strophe
Prechorus
Chorus

Beispiele: LOCH IM TAG, VOLLMOND

Mit Bridge

Wenn Sie einen neuen Blickwinkel hinzufügen wollen oder das Gefühl haben, es fehlt noch an Farbe vor dem Schlusschorus, dann setzen Sie eine Bridge ein:

Strophe
Strophe
Chorus
Strophe
Chorus
Bridge
Chorus

Beispiel: SYMPHONIE, SAG MIR, WAS MEINST DU

Strophe
Strophe
Prechorus
Chorus
Strophe
Prechorus
Chorus
Bridge
Chorus

Beispiel: GEILE ZEIT

Andere Gliederungen

Um Songzeit zu sparen, können Sie auch versuchen, statt einer Bridge auf die Melodie des Chorus einen anderen Text zu setzen, der inhaltlich aber auch den Vorgaben an einen Chorus genügen sollte (also keinen neuen Aspekt entwickeln, sondern das Kernthema darstellen).

Strophe
Chorus
Strophe
Chorus
Chorus mit anderem Text
Chorus

Beispiel: SCHREI NACH LIEBE

Eine reduzierte und effektive Gliederung ist eine Form, die vor allem im Pop der 1950er und 60er Jahre üblich war, aber heute in deutschen Songs selten verwendet wird:

Strophe I / Refrain
Strophe II / Refrain
Bridge
Strophe III / Refrain

Beispiel Teeny

Im Dance und R&B wird häufig direkt mit dem melodisch eingängigsten Teil, dem Chorus, begonnen. Beim Schreiben müssen Sie daran denken, dass es keine inhaltliche Vorbereitung gibt, der Chorus sollte also für sich stehen können.

Chorus
Strophe
Chorus
Strophe
Chorus
Bridge
Chorus

Beispiel: UND WENN EIN LIED

Bei Rapsongs bestehen die Strophen aus viel durchlaufendem Text, der häufig mit einem einheitlichen Playback unterlegt wird. Dadurch entfällt eine Einteilung in verschiedene Segmente.

Text
Chorus
Text
Chorus
usw.

Beispiel: SIE IST WEG

Hier noch als Beispiel 99 LUFTBALLONS für eine ungewöhnliche Gliederung:

Intro
Strophe I (mit Refrain)
Strophe II (mit Refrain)
Strophe III (mit Refrain)
Outro (Struktur wie Intro)

12

LEBENDIGE SPRACHE

Nachdem Sie sich entschieden haben, welche sachlichen, emotionalen und auch abstrakten Inhalte Sie beschreiben möchten, müssen Sie Stimmung und Ausdruck des Songs beim Schreiben berücksichtigen. Wie wollen Sie Gedanken, Szenen, Vorgänge, Emotionen und Beziehungen in Worte übertragen, die Ihre Hörer ansprechen und dazu bringen, dass sie sich mit dem Song inhaltlich und emotional beschäftigen?

Der wesentliche Arbeitsschritt hierzu, ist die poetische Übersetzung des sachlichen oder emotionalen Inhaltes in eine berührende, sprachlich ansprechende Form.

Schilderung

Die suggestive Kraft einer Schilderung gewinnen Sie durch die geschickte Auswahl und dem sensiblen Arrangement von Details, die Sie beschreiben. Sie können in einer filmischen Art und Weise Momentaufnahmen, szenische Bruchstücke oder Situationen schildern. Stellen Sie sich Ihre Worte als Kamera und sich selbst als Regisseur, Kamera-, Licht- und Tonmann vor. Lassen Sie den Hörer empfinden, was Sie fühlen und sehen, und bringen Sie Geschmack, Geruch, Farben, Geräusche und Gefühltes ins Spiel.

Sie entscheiden, was Sie zeigen wollen, wie es (in Worte übersetzt) aussehen soll, wie es beleuchtet wird, wie es klingt.

Wichtig für interessante und berührende Schilderungen ist, dass Sie wissen, was Sie damit erzählen wollen: Ihr Thema und vor allem Ihre Haltung bestimmen, wie Sie was beschreiben, ebenso welche Details Sie schildern und welche Stimmung der Song haben soll.

Obwohl man bei nüchterner objektiver Schilderung davon ausgehen sollte, dass keine Meinungen oder Gefühle enthalten sind, ist dem natürlich nie so (ähnlich wie in allen Kunstformen). Jeder Hörer achtet bewusst oder unbewusst auf Bedeutungen, Anspielungen, poetische Vergleiche und den Subtext, also auf den Text zwischen den Zeilen.

- *Warum schildert der Sänger dieses Detail? Hat es eine besondere Bedeutung für den Sänger oder den Inhalt des Liedes?*
- *Kennt man das Detail aus dem »normalen Leben«? Wofür steht es? Liegt in dem Detail bereits ein allgemein bekannter Inhalt?*
- *Wirkt die Beschreibung zum Beispiel melancholisch, fröhlich, kühl, zynisch, ironisch oder lakonisch? Welche Bilder entstehen dadurch?*
- *Was sagt die Art der Beschreibung über Charaktereigenschaften und die Emotionalität des Sängers?*
- *Wird ein Bezug zu den Inhalten hergestellt? Was wird bewusst oder unbewusst weggelassen?*
- *Wie werden Klischees verwendet?*
- *Ordnet sich der Sänger einem bestimmten Genre zu, oder vermeidet er es?*

Um tiefgründige, vielschichtige Texte mit stimmungsreichen Schilderungen zu schaffen, sollten Sie so objektiv wie möglich *und* emotional schreiben:

Objektiv

Was sehen Sie, wenn sie sich den Inhalt des Songs vorstellen? Welche Details ergeben sich aus dem Bezugsrahmen? Was dient der Übersetzung des Themas, was ist nur »schmückendes Beiwerk«? Womit können Sie die gewollte Atmosphäre vorstellbar und nachempfindbar machen?

Emotional

Beobachten Sie Ihre Gedanken und Gefühle zu Thema und Inhalt. Übersetzen Sie Ihre Emotionen oder die Empathie zu anderen Figuren in Handlungen, Situationen, Momentaufnahmen und Details. Womit lassen sich die Gefühle schildern, ohne dass Sie sie direkt ansprechen müssen? Wie agiert jemand, wenn er glücklich, traurig, zweifelnd, verliebt, überheblich, nachdenklich ist? Wie nimmt er welche Dinge um sich herum wahr? Arbeiten Sie dabei assoziativ und lassen Sie sich von Ideen und Stimmungen zu neuen Bildern anregen.

Bei der Textanalyse sollten Sie entsprechend umgekehrt vorgehen. Übersetzen Sie Schilderungen und die beim Hören oder Lesen in Ihnen entstehenden Bilder in Emotionen und Inhalte – ähnlich einer Traumanalyse. Welche Assoziationen ergeben sich?

BEISPIELE

für objektive Schilderungen:

Sonne scheint durchs Fenster rein
(Ein neuer Tag beginnt – die Wärme und Hoffnung kommt …)
und der Schnee schmilzt weg
(… die Kälte geht.)
seit heute bin ich wieder allein
(Trennungs-Situation auf den Punkt genau geschildert.)
in meinem schwedischen Bett
(Bezug zur Ikea-Bürgerlichkeit.)
Deine Koffer warn ja schon lange gepackt
schätze seit 'nem halben Jahr
(Es gab schon lange Stress.)
heute Morgen bin ich aufgewacht
da warn se nicht mehr da
(Lakonische Haltung: So ist es eben.)

(Aus STRASSE)

Sie können Emotionen selbstverständlich auch direkt beschreiben. In der Ich-Form oder als Gefühle Dritter – in der Jetzt-Situation des Songs oder ganz allgemein (»so ist es immer«), auf die Vergangenheit (»so war es«) oder auf die Zukunft bezogen (»so wird es sein«).

Achtung, Kitschgefahr: Wenn Sie das emotionale Thema des Songs direkt schildern, geben Sie dem Hörer keinen Raum für eigenes Nach- und Mitempfinden. Achten Sie auch darauf, nicht larmoyant zu wirken.

Besonders wirkungsvoll ist es, wenn Sie objektive (o) und emotionale (e) Schilderungen abwechseln. So lassen Sie dem Hörer viel Platz für die eigene Beurteilung:

BEISPIEL

für objektive (o) und emotionale (e) Schilderungen:

Ich bin sehr, sehr müde (o)
und sie rutscht nur ein Stück (o)
(sie nimmt kaum Rücksicht auf ihn)
es ist so schön warm (o)
in ihrem versifften Bett (o)
(sie ist keine sehr saubere, ordentlich Person)

Mein Baby sagt, sie mag mich (e)
(Sie liebt ihn nicht …)
und das zeigt sie mir (o)
behandelt mich richtig (o)
(… aber sie weiß, wie sie mit ihm umzugehen hat.)
ich häng' an ihr (e)
(Eindeutig, aber auch in Distanz zur Alternative: ich liebe sie.)

(Aus EVELIN)

Ich trag meinen einzigen Anzug (o)
ich würd mich neben dir sonst schäm'n (e)
wir haben uns füreinander schön gemacht (o)
ich bin so stolz auf dich und jeder soll es seh'n (e)

(Aus LANGSAM TANZEN; Text: Masen Abou-Dakn)

Wie Sie an diesem Beispiel sehen, können Sie Liebesliedern mehr emotionale Kraft verleihen, wenn Sie mit Detailschilderungen arbeiten.

Liebe wird nicht durch das Behaupten von Emotionen bewiesen, sondern indem man zeigt, was man bereit ist, für einen anderen Menschen zu tun. Daran können Sie sich auch beim Texten von Liebesliedern und bei anderen emotionalen Themen orientieren. IMMER

NOCH zum Beispiel basiert auf dieser Haltung und auch folgende Text-Ausschnitte:

Ich sing für dich
Ich schrei für dich
Ich brenne und ich schnei für dich …

Ich lache für dich
Wein für dich
Ich regne und ich schein für dich …

Für dich und immer für dich
Egal wie du mich nennst
Egal wo du heut pennst
Ich hab so oft für dich gelogen
Und ich bieg den Regenbogen
Für dich und immer für dich
Für immer und dich

(Aus FÜR IMMER UND DICH; Text: Rio Reiser)

Ein Texter kann oft nicht verhindern, dass seine eigenen Einstellungen und Meinungen zu plump in den Text einfließen und vielleicht sogar unbeabsichtigt in den Vordergrund treten. Sie glauben, Sie würden etwas objektiv schildern, aber der Hörer erkennt, was Sie darüber denken. Trennen Sie Beschreibung und Wertung. Bei einer positiven Bewertung (»Du bist toll«) ist das nicht so wichtig, weil sie ein positives Gefühl beim Hörer hervorruft. Bei negativer Wertung ist die Wirkung auf den Hörer ernsthaft zu bedenken. Kritisiert der Sänger sich selbst, die Wahrnehmung seines eigenen Charakters, sein Verhalten oder sein Aussehen, wird das vom Hörer eher angenehm als Reflexion und Selbstkritik empfunden.

ich erinner mich, wir waren beide verdammt cool
doch innerlich raffte ich Spinner ich null
denn wann immer ich dachte, ich tu alles für sie
war, was immer ich machte, für mich irgendwie
mit dieser Philosophie fuhr ich einwandfrei

sorgenfrei an ihr vorbei
schätze, bin ein bisschen hochgeflogen, ungelogen
und hab sie dabei mit mir selbst betrogen
kluge Worte, was? hinterher weiß man immer mehr
doch so sehr ich mich auch dagegen wehr
bleibt es schwer, aber wahr
ich bin leer, denn sie ist nicht da, klar

(Aus SIE IST WEG; Text: Michael DJ Beck, Thomas Dürr, Andreas Rieke, Michael B. Schmidt)

Kritisiert der Sänger jedoch andere, dann sagt das auch etwas über ihn und seine Einstellung zu anderen Menschen. Seien Sie auch hier wieder vorsichtig mit ironischen Darstellungen.

Sein Kopf stützt sich auf sein Doppelkinn,
Seit wann zieht's dich zu Fetten hin?
Los sag was, los sag was

Wie man an einen solchen Schwamm
Sein Herz einfach verschleudern kann
Los sag was, los sag was

(Aus WAS SOLL DAS)

Übertrieben würde eine Wertung zum Beispiel in der ersten Strophe von DU TRÄGST KEINE LIEBE IN DIR folgendermaßen ausschauen:

Du bist nervös und ziehst peinlich an deiner Zigarette
Du hast aus Schwäche das Rauchen wieder angefangen
Weil es dir selber schlecht geht, fragst du mich ganz jämmerlich nach meinem Befinden
Du hast offensichtlich überhaupt kein Gespür für andere Menschen?
Guck hin. Es geht mir gut.

Gehen Sie von Ihrer Haltung zum Thema aus und überlegen Sie, ob Sie Ihre Meinung ganz offen – vielleicht sogar als Aufforderung – aussprechen möchten. Bedenken Sie, dass Sie den Hörer dadurch in eine passive emotionale Wahrnehmungshaltung versetzen, da seine Vorstellungskraft weniger gefordert wird.

ÜBUNG:

- Schildern Sie in 10 gereimten oder ungereimten Versen Details Ihrer Wohnung.
- Versetzen sie sich in eine besonders fröhliche Gemütsverfassung und schreiben Sie die Verse so um, dass man diese Fröhlichkeit spürt.
- Tun Sie das gleiche für einen traurigen, melancholischen Zustand.
- Analysieren Sie den folgenden Song:

HALLO

(Text: MASEN ABOU-DAKN)

ein Kind fällt draußen mit dem Fahrrad um
eine alte Frau macht ganz langsam den Rücken krumm
um ihre kaum gefüllten Einkaufstaschen hochzuheben
wenn ich draußen wär, dann könnte ich sie ihr ja geben

aber das bin ich nicht
man kann ja nicht überall sein
etwas Rotes rollt auf die Straße
so rot kann doch kein Ball sein

Hallo, wie geht's denn so
ich wär jetzt furchtbar gern anderswo
eine Taubenfeder weht zum Fenster rein
als ich grad den Hörer hebe
ich rufe nur mal so an, was soll schon sein
ich wollte nur mal hören,
ob ich noch lebe
hallo

kein Ding, ich krieg das schon hin
ich sollte was essen, auch wenn ich nicht hungrig bin
Kaffee hatte ich heut schon mindestens sieben Tassen
nach hundert Tagen Schlaf sollte man sich nicht so hängen lassen

das Bild über dem Sofa
hab ich eigentlich noch nie gemocht
ich hab auch noch nie für mich allein,
immer nur für andere gekocht

> Hallo, wie geht's denn so
> ich wär jetzt furchtbar gern anderswo
> ein Kinderschrei weht zum Fenster rein
> als ich grad den Hörer hebe
> ich rufe nur mal so an, was soll schon sein
> ich wollte nur mal hören,
> ob ich noch lebe
> hallo

aber das bin ich nicht
man kann ja nicht überall sein
etwas Rotes rollt auf die Straße
so rot kann doch kein Ball sein

> Hallo, wie geht's denn so
> ich wär jetzt furchtbar gern anderswo
> Fischgeruch weht zum Fenster rein
> ich rufe nur mal so an, was soll schon sein
> ich wollte nur mal hören.

- *Beschreiben Sie Thema, Inhalt, Bezugsrahmen und Erzählperspektive.*
- *Notieren Sie die metrische Struktur.*
- *Notieren Sie Reimformen und Reimstruktur.*
- *Welche Verse sind objektive Beschreibungen, welche emotional? Wo werden Gefühle direkt angesprochen?*
- *Welche Assoziationen werden bei Ihnen durch welche Bilder angeregt?*

- *Übersetzen Sie die Bilder zurück in thematische und emotionale Aussagen. Notieren Sie Ihre Assoziationen.*
- *Entwickeln Sie dafür neue Schilderungen.*

Vergleich

Sie können einem Vers mehr bildliche und poetische Tiefe verleihen, indem Sie einen passenden Vergleich finden.

Dabei wird ein Begriff oder ein Abstraktum einem anderen Begriff oder Abstraktum gegenübergestellt:

- A ist so ähnlich »wie« B.
- A ist anders (besser, schöner…) »als« B.

A = Hauptobjekt mit noch nicht bekanntem Inhalt
B = Vergleichsobjekt mit bekanntem Inhalt

Sie vermitteln dem Hörer in erster Linie das Bild des Vergleichsobjektes. Dessen Eigenschaften kann er dann wiederum zu dem Hauptobjekt in Bezug setzen.

Das Jahr schämt sich ein wenig
wie ein König ohne Krone
(Aus LOCH IM TAG)

Wie 'n Wasserfall versprichst du immer mehr
am Himmel sind schon keine Sterne mehr
(Aus SAG MIR, WAS MEINST DU)

und sie dachte, Menschen sind sonderbar
wie galaktische Gespenster
(Aus POLYESTERLIEBE)

Wenn ich für dich immer noch Blumen klau
und manchmal rumlauf wie ein durchgeknallter Pfau
(Aus IMMER NOCH)

Mit Vergleichen erzeugen sie immer einen gewissen Abstand zwischen

Hauptobjekt und Vergleichsobjekt. Anders als bei einer Metapher ergibt sich keine intuitive emotionale Anmutung.

Vergleich:
Ich fühl' mich leer und verbraucht
alles tut weh
mein Bauch fühlt sich an wie ein Sack voller Flugzeuge

Metapher:
Ich fühl' mich leer und verbraucht
alles tut weh
hab' Flugzeuge in meinem Bauch
(Aus FLUGZEUGE IM BAUCH)

Versuchen Sie immer, einen Vergleich auch als Metapher zu formulieren. Prüfen Sie, welche Variante besser trifft, was Sie ausdrücken möchten. Sie werden – trotz der stärkeren Wirkung von Metaphern – feststellen, dass sich bestimmte Inhalte mit Vergleichen glaubhafter ausdrücken lassen.

Vergleich:
Meine Liebe zu dir ist tiefer als das Meer

Metapher:
Meine Liebe zu dir ist ein tiefes Meer

Der Vergleich lenkt die Aufmerksamkeit mehr auf die Tiefe, die Metapher mehr auf das Meer. Der Inhalt »Liebe = Meer« ist zu vieldeutig, weil andere (auch unangenehme) Assoziationen mit Meer verbunden werden (Unendlichkeit, Gefahr, Seegang …).

ÜBUNG:

- Finden Sie passende Vergleiche:
  - Du bist intelligenter als …
  - Du bist so zärtlich wie …
  - Ich liebe dich mehr als …

- Dein Haus ist so groß wie … (besonders klein)
- Dein Haus ist so groß wie … (besonders groß)
- Jede Stunde ohne dich ist wie …
- Meine Sehnsucht nach dir fühlt sich an wie …

Metapher

Mit dem Begriff Metapher wird eine poetische Form des bildhaften Ausdrucks bezeichnet. Das *Sachwörterbuch der Literatur* von Gero von Wilpert beschreibt die Metapher (griech. metaphora = Übertragung), als »die dichterischste der rhetorischen Figuren …, bildliche Redeform für einen Gegenstand …, einer Eigenschaft oder einem Geschehen; entsteht …, indem ein Wort oder eine Wortgruppe … aus dem eigentlichen Bedeutungszusammenhang auf einen anderen, im entscheidenden Punkt durch Ähnlichkeit oder Analogie vergleichbaren, doch ursprünglich fremden Vorstellungsbereich übertragen wird«.

Was bedeutet das in der Praxis? Wir wollen in Songtexten die Inhalte möglichst verdichtet vermitteln und dabei eine poetische Kraft entwickeln, die das Gesungene über die reinen verwendeten Worte hinaus begleitet. Das erreichen wir am besten, in dem wir beim Hörer eigene Bilder und Emotionen auslösen.

Bei Metaphern stehen unterschiedliche Begriffe in einem besonderen Bezug zueinander. Dadurch entsteht eine andere Vorstellung eines Begriffes mit neuen Assoziationen, weil eine für uns poetisch bedeutsame Eigenschaft auf ihn übertragen wird.

Bei einem Vergleich werden die Eigenschaften »nur« als ähnlich herausgestellt, also nebeneinander gestellt. Bei der Metapher setzen wir jedoch durch das Weglassen des Vergleichswortes »wie« zwei Objekte zu einem Wort zusammen.

- Vergleich:
  »Dein Gesicht ist schön und unschuldig wie eine Lilie«

- Metapher:
  »Dein Liliengesicht«

Dadurch werden die Eigenschaften des einen Objekts (*Eigenschaftsobjekt*: Lilie) tatsächlich auf das andere (*Hauptobjekt*: Gesicht) übertragen und so in der Vorstellung mit ihm verbunden.

Das neue Bild der Metapher ist wesentlich intensiver als der Vergleich, da wir uns die beiden Begriffe nicht nebeneinander (mit einem inhaltlich-räumlichen Abstand) vorstellen. So entsteht ein neues – vielleicht bis dahin unbekanntes – Bild. Durch die Verknüpfung schaffen Sie einen neuen Bedeutungsgehalt und erreichen im Idealfall eine direkte emotionale Anmutung.

Natürlich wissen wir, dass Metaphern nicht wörtlich zu nehmen sind, eine Lilie hat kein Gesicht. Der objektiv bestimmbare Anteil (»Gesicht«) wird mit dem subjektiv bewerteten und emotional anders besetzen Anteil (»Wofür steht eine Lilie?«) zur neuen Anmutung zusammengefügt. So können wir mit Hilfe von Metaphern in unseren Versen neue Sprachbilder malen und Eigenschaften des Objektes besonders eindringlich verdeutlichen. Zugleich bieten Metaphern einen relativ offenen Interpretationsspielraum, da die Deutung einer Metapher immer vom Kontext und der Auslegung des Eigenschaftsobjekts abhängt. Das erzeugte Bild wird also erst im Kopf des Hörers lebendig.

Lebendige Metaphern

Hier entsteht beim Hören und Lesen eine neue Anmutung; die inhaltliche Übertragung ist nachvollziehbar.

»Dein Lachen ist gemalt« (FLUGZEUGE IM BAUCH)
»Die Bar ist unser Weltall
du die Erde, ich der Mond« (ICH GUCKE NUR …)

Absolute Metaphern

erzeugen Vorstellungen, die sich nicht mehr auf konkrete Dinge stützen, aber dennoch eine emotionale, poetische Wirkung erzeugen können:

»Ein Augenblick jenseits des Vergessens«
»Im Labyrinth der Vergänglichkeit«

Tote (auch: verblasste oder lexikalisierte) Metaphern
sind zum »normalen« Begriff geworden, sie überraschen nicht mehr, wirken klischeehaft:

»Am Fuße der Berge«
»Die Seele baumeln lassen«

Wie finden Sie lebendige Metaphern?
Assoziieren Sie frei. Welche Eigenschaft des Hauptobjektes wollen Sie darstellen? Welche anderen Objekte fallen Ihnen ein, die diese Eigenschaften besitzen? Mit welchem anderen Begriff lässt sich der inhaltliche Bezug auf das Hauptobjekt übertragen? Die Verknüpfung aus den verwendeten Objekten, die Gemeinsamkeit und die damit verbundene inhaltliche Aussage über das Hauptobjekt erzeugt ein neues Bild und damit eine emotionale Qualifizierung des Hauptobjektes: Die poetische Anmutung.

BEISPIEL

Hauptobjekt: Haut
gewünschte Aussage: die Haut ist besonders zart
Eigenschaftsobjekt: weicher Samt
Metapher: Samthaut

In einer weiteren Form assoziieren Sie nicht nur das Eigenschaftsobjekt sondern auch das Hauptobjekt, ausgehend von einem dritten Zielobjekt, um das es dann geht. Die Metapher ist also aufs Zielobjekt bezogen im eigentlichen Sinne die poetische Beschreibung eines Details. Der poetische Inhalt des Hauptobjektes wird vertieft, um über das Zielobjekt etwas zu schildern.
Zielobjekt und gewünschter Inhalt: eine besonders mutige Frau
Hauptobjekt: ihr tapferes Herz
Eigenschaftsobjekt: ein als tapfer geltender Löwe
Metapher: Löwenherz
Verdeutlichung im Kontext: Diese Frau hat das Herz eines Löwen

BEISPIELE:

99 Kriegsminister
Streichholz und Benzinkanister
(Aus 99 LUFTBALLONS)

Assoziationen: Risiko, Explosionen, Kriegsgefahr

Ich zähle meine Perlen
(Aus LOCH IM TAG)

Assoziationen: Auster, Verschlossenheit, Schatz in sich

Mit dieser Technik können Sie ganze Strophen entwickeln, die sich von einer passenden Metapher ableiten lassen.

Beispiel:
Aussage: Unsere Liebesbeziehung läuft voller Streits ab.
Übergeordnete Metapher: Die Liebe ist ein Krieg.
Verschiedene Details:
- Wir achten auf unsere Fronten.
- Wir kennen und benutzen unsere Waffen.
- Es gibt keine Kampfpause.
- Die Zärtlichkeit ist eine weiße Fahne.

Sie könnten die übergeordnete Metapher in den Chorus und damit in den Mittelpunkt stellen, dann wäre sie gleichzeitig der Bezugsrahmen.

Metaphern müssen sich übrigens nicht nur aus Hauptwörtern zusammensetzen. Sie können sich selbstverständlich auch auf Tätigkeiten beziehen und aus zusammengesetzten Worten bestehen.

ÜBUNG:

Entwickeln Sie neue Metaphern für:
- Zielobjekt und gewünschter Inhalt: Ein gieriger Mann
- Ein brutaler Soldat
- Eine unordentliches Zimmer

Assoziieren Sie zu folgenden Metaphern mögliche Bedeutungen und übersetzen Sie sie in objektive oder emotionale Schilderungen:
- Eine Fußgängerzone voller Stacheldraht.
- Ein Zyklop an deiner Seite voller Rat und Tat.
- Ein Blauwal im Brustkorb.
  (Alle drei aus EIGENTLICH NEIN; Text: Heinz Rudolf Kunze)
- Wir fliegen beide durch die Nächte, segeln durch den Tag.
- Du bist die Tänzerin im Sturm.
- Du bist ein Kind auf dünnem Eis.
  (Alle drei aus DIE TÄNZERIN; Text: Ulla Meinecke)

Personifikation

Wenn Sie Gegenstände, Abstrakta, Tiere oder Pflanzen wie Menschen handeln lassen, ihnen menschliche Eigenschaften oder Fähigkeiten geben, dann haben Sie sie personifiziert. Beispiele:

Reeperbahn, alles klar
du alte Gangsterbraut, jetzt bin ich wieder da
(Aus REEPERBAHN)

das Jahr verliert die Zähne
und sieht schon ganz müde aus
heute bleibt die Welt zu Haus'
(Aus LOCH IM TAG)

Wo willst du hin? Ich kann dich kaum noch sehn
Unsere Eitelkeit stellt sich uns in den Weg
(Aus SYMPHONIE)

Uns beide hat die Nacht besiegt
Wir klauen ihr den Applaus
(Aus ICH GUCKE NUR …)

Nicht mal das Meer darf ich wiedersehen
Wo *der Wind deine Haare vermisst*
(Aus WEISSES PAPIER)

Die Übertragung auf eine Person kann auf verschiedene Weise geschehen:

als Verb: »Der Gedanke *wandert* durch den Raum«
als Substantiv: »Die *Arme* der Liebe«
als Adjektiv: »Das *entspannte* Glück«
als Adverb: »Der *singende* Baum«

Gehen Sie vom Inhalt aus, wenn Sie personifizierte Bilder suchen:
Was wollen Sie aussagen?
Die Zeit steht still.
Lässt sich das anders ausdrücken?
Die Zeit ist verschwunden.
Was fällt Ihnen zusätzlich ein?
Uhr, Sanduhr, Uhrpendel …
Welche menschliche Tätigkeit oder Eigenschaft ließe sich damit vergleichen?
Ohne Nahrung verhungert man.
Lässt sich das übertragen?
Die Uhr benötigt die Zeit, um zu überleben. Die Zeit ist ihre Nahrung.
Bringen Sie die Komponenten zusammen.
Die Uhr verhungert.

'Ne Spinne verwest im Netz auf'm Flur
Und langsam *verhungert 'ne Uhr*
(Aus ÜBERHAUPT NICHTS MEHR)

oder:

Was wollen Sie aussagen?

Es ist Herbst.

Lässt sich das anders ausdrücken?

Das Jahr vergeht bald.

Welche menschliche Tätigkeit oder Eigenschaft ließe sich damit vergleichen?

Wenn ein Mensch älter wird, fallen ihm die Zähne aus und er fühlt sich müde.

Lässt sich das übertragen?

Das Jahr wird alt.

Bringen Sie die Komponenten zusammen.

Dem Jahr fallen die Zähne aus.

Heute ist ein Loch im Tag
das Jahr verliert die Zähne
und sieht schon ganz müde aus
(Aus LOCH IM TAG)

Im folgenden Beispiel bestimmt die Vermenschlichung einer Schaufensterpuppe den kompletten Inhalt des Songs.

Sie stand da mit ihren Schwestern bei C+H im Fenster
und meistens trug sie Kleider mit Preisschildern dran
und sie dachte, Menschen sind sonderbar
wie galaktische Gespenster
und sie sah sich den ganzen Tag
diesen Zirkus da draußen an
...
Er war ein alter Mann, sehr traurig
doch sein Blick war tief und schön
und sie merkte, es fiel ihm schwer, einfach weiterzugehen ...

(Aus POLYESTERLIEBE; *Text: Udo Lindenberg)*

Weitere Stilmittel

Idiome

Sprachformeln aus mehren Worten, die im normalen Sprachgebrauch als zusammengehörig empfunden werden. Dazu zählen:
Redewendung: Von der Hand in den Mund; ins Gras beißen
Redensart (im Sinne eines Zitates): Da liegt der Hase im Pfeffer; Nicht immer, aber immer öfter
Zwillingsformel: Land und Leute
Routineformel: Wir sehen uns ...
Sprichwort: Wer anderen eine Grube gräbt, fällt selbst hinein.

Solche Sprachformeln haben oft eine zusätzliche Bedeutung, da ihnen komplexe Inhalte oder Lebensweisheiten zu Grunde liegen. Sie könnten versuchen, im Refrain oder Chorus ein neues Idiom zu kreieren. Erfolgreiche Beispiele:

Das hamma uns verdient (Ralph Suda, Martin Warnke)
... den Nippel durch die Lasche ziehen (Mike Krüger)
Neue Männer braucht das Land (Ina Deter)
1000-mal berührt, 1000-mal ist nichts passiert (Klaus Lage)

Oder Sie verwenden bewusst Klischees, um sie inhaltlich zu erweitern:

Wir haben uns auf *Teufel komm raus* geliebt
Dann kam er und wir wussten nicht mehr weiter
(Aus DEIN IST MEIN GANZES HERZ; Text: Heinz Rudolf Kunze)

oder abzuwandeln:

Das ist das Land der begrenzten Unmöglichkeiten.
(Aus MÜSSEN NUR WOLL'N, Judith Holfelder)

oder abzukürzen:

»Der Krug geht so lange zum Brunnen, bis er bricht« wurde zum Beispiel verwendet für:

Die erste Nacht, der letzte Zug
der freie Fall, der zerbrochene Krug
das war's, außer all den Blicken ins Glas
(Aus WIE TIEF KANN MAN SEHEN)

»Besser den Spatz in der Hand als die Taube auf dem Dach« findet man hier wieder:

also wo fängt's an
und wann wird es enden
mit Spatzen und Tauben, Dächern und Händen
(Aus DIE AUSFAHRT ZUM HAUS DEINER ELTERN)

Alles was an Bildhaftem in solchen Sprüchen steckt, kann so in wenigen Worten original oder metaphernhaft in Versen verdichtet werden. Prüfen Sie durch ein Probehören, ob die Botschaft verstanden wird.

Sie können aber auch versuchen, neue originelle Sprüche einzuführen:

Der Teufel hat den Schnaps gemacht *(Michael Kunze)*
So richtig nett ist's nur im Bett *(Kurt Hertha)*

Neue Begriffe erschaffen

Das Schöpfen eines neuen Begriffs bezeichnet man auch als Neologismus. Neuwörter aus Songtexten können beliebt werden:

Turaluraluralu – Ich mach *BuBu* was machst du *(Stefan Remmler, Kralle)*
Oh, Baby, Baby, *balla balla* *(Horst Lippok)*

Aus der Kombination von zwei Wörtern, im Sinne einer Metapher, entsteht eine neue Bedeutung. Ein Meister im Erfinden von metaphorischen Neologismen ist Heinz Rudolf Kunze:

Pulverfummler …
Fleischerhakenwürger …
Fluchvergesser …
Aas - und - Schandefresser …

(Aus EIGENTLICH NEIN; Text: Heinz Rudolf Kunze)

Anastroph

Hier wird die normale Satzstellung verändert, um einem Begriff eine lyrische Anmutung zu verleihen:

Ich kann es spüren
Wenn wir uns berühren
Tausend Tränen Tief
(Aus TAUSEND TRÄNEN TIEF, Jochen Distelmeyer)

Ellipse

Durch die Auslassung von Wörtern oder Satzteilen kann man Verse hervorheben:

So wie du ein Teil von mir (ohne Verb)
Bin ich ein Teil von dir
...
Mit dir in ein anderes Blau (ohne Verb)
Wir teilen einen Traum
Ein Bild aus anderen Zeiten
(Aus TAUSEND TRÄNEN TIEF, Jochen Distelmeyer)

Sie regen den Hörer durch Auslassungen im Text dazu an, die Aussagen zu vervollständigen:

Bus nach Haus 3 Staus erst mal aus'm Anzug raus
Glotze an und dann Kundenbonus Pizzamann
(Aus NIE MEHR ALLEIN)

Oxymoron

Ein Begriff, der zwei widersprüchliche Bedeutungen kombiniert:

Alter Knabe
Saurer Zucker
Helle Nacht
Fleißiger Beamter (ironisch)

Tautologien

Betonung durch gleichbedeutende Wörter:

voll und ganz
kurz, knapp, auf den Punkt gebracht
Heim und Hütte

Pleonasmen
Sinngleiche Ausdrücke, wobei der Inhalt des Adjektivs bereits im Substantiv enthalten ist:

weißer Schimmel
kaltes Eis
rotes Blut

Klimax
Die stufenweise Steigerung von Ausdrücken:

Frau, Wesen, Göttin
ich flüstere, rufe, schreie

Euphemismus
Eine Formulierung, mit der ein Sachverhalt beschönigt wird:

vollschlank statt dick
abgewickelt statt aufgelöst
kleine Störungen bei massiven Protesten

Was Sie vermeiden sollten

Klischees

Klischees sind Begriffe, Bilder und Wortgefüge, die vom allzu häufigen Gebrauch abgegriffen und abgenutzt sind.

Als zum Beispiel »Die Seele baumeln lassen« das erste Mal verwendet wurde, war die metaphorische Übertragung von »Beine baumeln lassen« auf »Seele« überraschend. Inzwischen ist es ein übles Klischee. Das trifft auch auf zu oft gehörte Beschreibungen (»deine süße

Stupsnase«) und Vergleiche zu (»die Sonne ging als blutroter Ball unter«).

Bei Klischees stockt der Songfilm, weil wir erkennen, dass nur Versatzstücke aus bereits bekannten »Filmen« verwendet wurden.

Seltener gilt der alte Autorenspruch »Das Klischee ist dein Freund«, weil man bei bestimmten Klischees auf das Vorwissen der Hörer aufbauen kann. Wenn Sie mit Klischees arbeiten, verändern Sie sie so, dass sie überraschen.

Häufungen, Überbordungen, Blüten

Wenn Sie mit sehr poetischen Beschreibungen, Metaphern und Vergleichen arbeiten, gilt: Zu viel des Guten ist immer zu viel.

Fügen Sie eine Metapher an die nächste, kann der Hörer die Bilder kaum noch entschlüsseln. Sie überfordern sein Interesse.

Auch zu viele Vergleiche belasten den Hörer, irgendwann denkt er: »Jetzt entscheide dich doch mal – erinnert es dich nun an dieses oder an jenes?«

»Die gläserne Dornenfaust zum Friedensgruß geschmiedet« lässt kein klares Bild und keine emotionale Anmutung entstehen, sondern wirbelt die verschiedenen Bilder durcheinander. So werden keine Inhalte oder Emotionen vermittelt – es wirkt oft unfreiwillig komisch.

Durchforsten Sie Ihren Text auch nach solchen Blüten, deren Bilder zunächst nicht übertrieben wirken, aber dennoch nicht passen und widersprüchliche Assoziationen auslösen.

Und wieder gilt: Gut wäre es, wenn Sie Ihren Text von kritischen Erstlesern testen lassen; Sie selbst haben zu Ihren Ideen kaum den nötigen Abstand.

Wie finden Sie diese Beispiele:

> Nächte ohne dich
> sind wie Glocken, die nie läuten
> die Zeit wie 'n breiter, leiser Fluss
> läuft langsam aus mir raus
> ...

Nächte ohne dich
sind wie angeschossene Wale
sie treiben blutend ohne Hoffnung
auf ihr Ende zu
(Aus TAGE OHNE DICH; Text: Werner Karma)

Ich bin das Wasser, auf dem du gehen kannst
Ich bin das Seil, auf dem du tanzt
Ich bin die Luft, die du atmest
Und die Rakete, mit der du startest
Ich bin das Netz, das dich nie fallen lässt
Und wenn du Sterne siehst, dann halt' dich an mir fest
Du bist das Drehen in meinem Bauch
Und ich weiß, du fühlst es auch
(Aus WAS ICH AN DIR MAG; Text: Lukas Hilberg, Klaus Hirschburger)

(LANGZEIT-)ÜBUNG:

Hören Sie sich möglichst viele Songs an, auch solche, die Ihnen vielleicht nicht gefallen.

- Notieren Sie Ihre Reaktion, Ihre spontane Meinung. Welche Verse finden Sie gelungen, und welche gefallen Ihnen nicht? Warum?
- Wo verstehen Sie die Gedanken hinter dem Text nicht mehr? Emotional wie auch inhaltlich.
- Woran liegt es im Detail?

Durch solche Analysen schulen Sie Ihr Stilempfinden. Sie werden sich merken, was Sie als negatives Klischee oder unpassendes Stilmittel empfinden.

Beschäftigen Sie sich immer wieder mit den neuesten Songs aller Genres, damit Sie über Trends und Sprachentwicklung informiert sind.

13

WIE GEHT ES WEITER?

Nun wissen Sie alles, was Sie zum Songschreiben benötigen. Am besten, Sie lassen erst einmal ein paar Tage vergehen. Dann sollten Sie noch einmal im Buch blättern, um Details, die Sie besonders interessieren oder bei denen Sie sich nicht ganz sicher sind, noch einmal durchzulesen.

Danach sollten Sie alle Theorie und alle handwerklichen Schemata erst einmal vergessen. Schreiben Sie einfach möglichst viel.

Für Autoren, die planvoll arbeiten möchten

1. Was möchten Sie im Song erzählen: Idee, Thema, Aussage.
2. Ideen finden für Strophen- und Chorus:
   Wie sind Sie auf das Thema des Songs gekommen?
   Welche Gedanken und Gefühle hatten Sie in diesem Augenblick?
   Was passiert in Ihrem Songfilm alles, bis Sie zur eigentlichen Aussage kommen (im Chorus)?
   Welche Assoziationen haben Sie zu Ihrem Thema, wenn Sie an den Chorus oder die ersten Strophen denken?
3. Schreiben Sie diese Gedanken und Emotionen als Fließtext auf und entwickeln Sie daraus erste Verse.
4. Fügen Sie interessante Details hinzu, die Sie in den Strophen verarbeiten. Welcher Bezugsrahmen bietet sich an?
5. Ordnen Sie die Verse nach »Kernsegmente« und »Entwickelnde Segmente«.
6. Entscheiden Sie sich für einen ersten Entwurf Ihres Songs.
7. Überarbeiten Sie Ihre Verse, benutzen Sie eine vielfältige lebendige Sprache.

Für Autoren, die ihre kreative Energie frei fließen lassen wollen

1. Stimulieren Sie Ihre Gedanken, hören Sie Musik, lesen Sie Gedichte, gehen Sie ins Kino oder ins Café.
2. Notieren Sie Gedanken, die Ihnen für einen Song interessant erscheinen, vielleicht schon in Versform.
3. Analysieren Sie Ihre Notizen: Welche Aussagen sind darin enthalten? Um welches Hauptthema geht es? Welche inhaltlichen Aussagen bieten sich an? Ihre Notizen sind das Material für Ihre Verse, aus den Versen bilden Sie zusammenhängende Textblöcke.
4. Fügen Sie interessante Details hinzu, die Sie in den Strophen verarbeiten. Achten Sie auf mögliche Bezugsrahmen.
5. Ordnen Sie die Verse nach »Kernsegmente« und »Entwickelnde Segmente«.
6. Entscheiden Sie sich für einen ersten Entwurf Ihres Songs.
7. Überarbeiten Sie Ihre Verse, benutzen Sie eine vielfältige lebendige Sprache.

Diese zunächst weniger strukturierte Methode hat einige Vorteile (weswegen auch ich sie bevorzuge):

- *Ihr Unbewusstes kann sich in den Kreativprozess besser einmischen.*
- *Ihren Emotionen bleibt mehr Raum.*
- *Sie schaffen sich einen größeren Fundus an Textfragmenten, aus dem Sie beim weiteren Entwickeln schöpfen können.*
- *Sie haben die Chance, dass Sie beim freien Assoziieren auf einen »Kern-Vers« stoßen, der Ihnen hilft, den Chorus und einen Bezugsrahmen zu finden. Selbst wenn Sie später einen neuen Chorus schreiben, weil Ihnen etwas Besseres eingefallen ist, wird Ihnen dieser »Anker« das weitere Entwickeln Ihres Songtextes erleichtern.*

14

WIE SIE IHRE TEXTE ANBIETEN KÖNNEN

Sie schreiben für sich, als eigener Interpret

Schreiben Sie, vertonen Sie oder suchen Sie sich einen Musikkollegen, der das für Sie macht, greifen Sie zur Gitarre oder stellen Sie eine Band zusammen. Singen Sie selbst oder suchen Sie sich einen Sänger, der bereit ist, Ihre Texte zu interpretieren. Treten Sie auf, überall, wo sich eine Gelegenheiten bietet – möglichst oft. Zuhause, im Park, in der Stammkneipe, im Jugend- oder Kulturzentrum, im Club. Sammeln Sie Erfahrungen: Mit welchen Songs fühlen Sie sich persönlich wohl? Welche Songs kommen beim Publikum an? Entwickeln Sie die Songs solange weiter, bis Sie selbst davon absolut überzeugt sind.

Finden Sie eine Möglichkeit, ein gutes Demo einzuspielen. Das geht heute in ausreichender Qualität am Computer oder in einem günstigen Demostudio. »Konzentrieren sie sich auf das Wesentliche: Strophe, Bridge, Refrain. Keine überflüssigen musikalischen Ausführungen. Die Hook muss ›sitzen‹, der Leser/Hörer sofort verstehen, was Sie ihm sagen wollen.« Freuen Sie sich über die Aufnahmen oder versuchen Sie, einen Plattenvertrag zu bekommen. Stellen Sie sich einem Label vor.

Sie möchten für einen speziellen Interpreten schreiben

Möchten Sie gezielt etwas für einen Sänger schreiben, den Sie selbst besonders mögen? Dann sollten Sie sich noch einmal analytisch mit dessen Repertoire beschäftigen: Welche Themen bevorzugt er? Welche Inhalte hat er bereits besungen? Welche Haltung vertritt er? Zieht er erzählerische oder eher lyrische Texte vor? Wie ist das Sprachniveau, der Tonfall seiner Texte?

Lassen Sie sich Zeit, bevor Sie etwas anbieten. Sammeln Sie zunächst einige Texte, das wirkt professioneller, als wenn Sie nur einen einzelnen Song anbieten. Außerdem präsentieren Sie sich dadurch mit einer gewissen stilistischen Bandbreite.

In den Monaten vor und nach der Veröffentlichung einer neuen CD hat es wenig Sinn, sich vorzustellen. Das benötigte Songmaterial steht und alle sind mit der Promotion beschäftigt. Warten Sie auf die Zeit, in der die neue Produktion vorbereitet wird. Recherchieren Sie im Internet oder fragen Sie beim Label nach.

Wenn Sie ernsthaft davon überzeugt sind, dass Ihre Songs genau zu Ihrem Favoriten passen, sollten Sie freundlich aber selbstbewusst Kontakt aufnehmen. Anlaufstellen für solche Angebote sind je nach Künstlersituation:

- das Management
- der betreuende Musikverlag
- das Label
- der Produzent
- die Produktionsfirma
- der »Stammkomponist«

Die Kontaktadressen finden Sie im Inlay der aktuellen CD oder im Internet. Informieren Sie sich, wem Sie Ihre Texte am sinnvollsten zuschicken können und in welcher Form (ob ausgedruckt als Mappe oder per Email als pdf).

Bei weniger etablierten Musikern können Sie auch den direkten Kontakt suchen. Besitzt er eine Internetseite, finden Sie unter »Kontakt« gewöhnlich immer eine Emailadresse.

Egal, wen Sie ansprechen: Zeigen Sie Ihre Begeisterung von seiner Arbeit. Seien Sie davon überzeugt, ihm mit Ihren Texten etwas Gutes anbieten zu können, aber bleiben Sie immer professionell, höflich und unaufdringlich. Überlassen Sie die eigentliche Überzeugungsarbeit Ihren Texten.

Manche Künstler vertrauen nur ihren bewährten Autoren und sind neuen Angeboten gegenüber nicht aufgeschlossen – vor allem, wenn sie mit unseriösen Vorschlägen überhäuft werden. Andere wiederum sind ganz offen und freuen sich über jede neue Inspiration.

Wer sich allgemein als Texter etablieren möchte

Haben Sie keinen besonderen Künstler im Auge, müssen Sie versuchen, Kontakt zu professionellen Songanbietern zu bekommen.

- Musikverlage
- Komponisten
- Produzenten
- Produktionsfirmen

Hier gelten ähnliche Regeln – mit dem Unterschied, dass Ihre Angebotsmappe eine möglichst große Bandbreite darstellen sollte. Achten Sie auf vielfältige Themen, Inhalte, Haltungen und Stile. Können Sie verschieden Genres abdecken: »ernsthafter« oder »leichter« Pop, Schlager, Volksmusik? Immer gesucht werden zum Beispiel auch Comedy-Texte jeder Art.

»Machen Sie Ihre ›Hausaufgaben‹ und studieren Sie die erfolgreichen Songs aus dem jeweiligen Metier. Um aufzufallen ›erschrecken‹ Sie mit Originalität und Ausgefallenheit.«

Sie können auch Ihre handwerklichen Fähigkeiten dadurch beweisen, dass Sie als Arbeitsprobe eine deutsche, metrikgenaue Textfassung zu einem englischsprachigen Hit schreiben. Vielleicht schaffen Sie es, sich inhaltlich ans Original anzulehnen – das muss aber nicht sein. Gut ist es, wenn Sie bei den Hooks eine klangliche Nähe erreichen.

Stellen Sie in einer solchen Bewerbungsmappe kurz dar, warum Sie Songtexte schreiben, was Sie daran bewegt und berührt, warum Sie der flexible und professionelle, kurz der »richtige« Autor für alle Fälle oder für eine spezielle Richtung sind.

Finden Ihre Texte Anklang, wird man gemeinsam überlegen, welchem Künstler man welchen Song anbieten könnte. Womöglich verschafft man Ihnen auch einen Kontakt zu einem Komponisten oder komponierenden Produzenten, der Ihren Text vertont und als Demo vorproduziert. Oder man ist von Ihrer Arbeit allgemein überzeugt und fragt an, ob Sie nicht einmal für diesen oder jenen Sänger etwas schreiben könnten.

Allgemein gilt:

»Nehmen Sie es nicht persönlich, wenn Sie eine Absage erhalten. Bedenken Sie, dass Ihr Song sich immer gegen eine Vielzahl von Mitbewerbern durchsetzen muss.«

Egal welchen Weg Sie gehen: Seien Sie sich im Klaren darüber, dass alle beschriebenen Möglichkeiten viel Geduld, Hartnäckigkeit und Selbstvertrauen erfordern. Achten Sie darauf, dass Ihre Motivation sich aus der Freude am Schreiben und den gelungenen Songs schöpft. Wenn Sie diese »persönlichen Erfolge« realisieren und Ihre Arbeit respektieren, werden es andere auch tun.

(Die oben genannten Zitate stammen von René Rennefeld, Geschäftsführer von »Lautstark Musik«, der sich mit mir freundlicherweise über dieses Kapitel unterhalten hat.)

15

ANMERKUNGEN ZU DEN VERWENDETEN FACHBEGRIFFEN

Bei den Benennungen der verschiedenen Songteile kommt es zu Verwechslungen, weil keine einheitliche Nomenklatur existiert. Im Deutschen werden eigene Bezeichnungen mit anglo-amerikanischen vermengt, oft ist etwas anderes als im Englischen gemeint und umgekehrt.

Beispiel: »Refrain«. Im Englischen ist damit meist ein Kehrreim am Ende einer Strophe gemeint. Das entspricht dem deutschen »Refrain« – wenn man über Gedichte redet. Bei Songs ist im Deutschen meist der Textblock im Lied gemeint, der mehrmals wörtlich wiederholt wird (ich habe ihn oben zunächst als »Anker-Text« bezeichnet). Den nennt man im Englischen aber wiederum »Chorus«, obwohl Jazzer mit »Chorus spielen« das Spielen eines improvisierten Solos über die (meistens ganze) Songform meinen.

Noch ein Beispiel: »Bridge«. Mit diesem englischen Wort bezeichnet man im Deutschen häufig einen Songteil, der zum Refrain hinführt. Andere dagegen meinen mit »Bridge« genau dasselbe wie Engländer und Amerikaner, nämlich einen ganz neuen, einmalig auftauchenden Teil vor den Schlusswiederholungen des Chorus.

Um in diesem Buch weitere Unklarheiten zu vermeiden, habe ich folgende Begriffe aus dem Englischen und Amerikanischen verwendet, weil sie differenzierter sind und damit genauer zu definieren:

Bezugsrahmen: Die übergeordnete Allegorie, von der der Inhalt des Textes abgeleitet ist.

Bridge: Ein Textblock, der häufig als Kontrast nach der Wiederholung des Chorus eingesetzt wird. Enthält keinen völlig neuen Inhalt, sondern beleuchtet die Kernaussage des Chorus neu.

Chorus: Ein Textblock, der die Kernaussage des Songs beinhaltet und wörtlich wiederholt wird. Dadurch wird die formale Struktur eines Songs bestimmt.

Haltung: Welche Meinung oder Einstellung hat der Autor oder der Sänger zu dem Thema?

Hook: Tatsächlich »ein Haken«, nämlich eine besonders auffällige Wortkombination oder ein starker, einprägsamer Vers, an den man sich erinnert, selbst wenn man den Song nur einmal gehört hat. Sollte möglichst im Chorus auftauchen – da hier auch die einprägsamste Melodie zu finden sein wird.

Inhalt: Was passiert im Lied? Handlung, Details, Setting.

Kapitel: Eine inhaltlich zusammenhängende Texteinheit aus mehreren Segmenten, also: Strophe + eventuell Prechorus + Chorus oder Bridge + Chorus.

Metrik: Die Gestaltung der Verse in Bezug auf Verslänge und Rhythmik, die sich beim Sprechen von Versen durch betonte und unbetonte Silben ergibt.

Prechorus: Ähnlich der Strophe ein entwickelnder Textblock, der zum Chorus überleitet.

Refrain: Ein (häufig wiederholter) Vers am Ende oder am Anfang der Strophen, der – ähnlich dem Chorus – die Kernaussage des Songs beinhaltet.

Songfilm: Modellhafte Vorstellung, wie der Song beim Hören im Kopf einen Film erzeugt.

Strophe: In der Strophe wird der Inhalt des Songs und die Vorbereitung des Chorus entwickelt. Eine Strophe wird im Song fast nie wörtlich wiederholt, ihre Melodie allerdings fast immer.

Textsegment (oder Textblock): Eine zusammengehörige Gruppe von Versen (z. B. eine Strophe oder ein Chorus).

Thema: Worum geht es in dem Song? Der emotionale Kern.

Verse: Die einzelnen Zeilen eines Songtextes.

NACHWEIS DER VERWENDETEN SONG-BEISPIELE

99 LUFTBALLONS (Ausschnitt)
Text: Carlo Karges, Musik: Jörn Fahrenkrog-Petersen
(Edition Hate Music/EMI Songs MV, LP Nena »Nena«, CBS 1983)

ALLER HERREN LÄNDER (Ausschnitt)
Text: Heinz Rudolf Kunze, Musik: Heiner Lürig
(Weltverbesserer MV/Edition M8 Musik, CD »Korrekt«, WEA, 1999)

AM FENSTER (S. 128)
Text: Hildegard Maria Rauchfuss, Musik: Emil Bogdanow, Georgi Gogow, Fritz Puppel, Klaus Selmke
(© VG Musikedition Kassel, LP City »City«, Amiga, 1978)

BIKO (Ausschnitt)
Text und Musik: Peter Gabriel, Deutsche Fassung: Horst Königstein
(Real World/EMI Music Publishing, LP, »Ein deutsches Album«, Phonogram, 1980)

CAMEMBERT (S. 126)
Text und Musik: Masen Abou-Dakn
(Manuskript, bisher nicht auf CD veröffentlicht)

CELLO (Ausschnitt)
Text und Musik: Udo Lindenberg
(Star Musik Edition, CD »Alles klar auf der Andrea Doria«, 1973)

DAS SPIEL (Ausschnitt)
Text: Frank Ramond, Musik: Matthias Hass, Frank Ramond
(Peermuic, CD Annett Louisan »Boheme«, 105music, 2005)

DEIN IST MEIN GANZES HERZ (Ausschnitte)
Text: Heinz Rudolf Kunze, Musik: Heiner Lürig
(Musik-unserer-Zeit Verlag, Schacht MV, LP »Dein ist mein ganzes Herz«, WEA, 1986)

DIE AUSFAHRT ZUM HAUS DEINER ELTERN (Ausschnitt)
Text: Marcus Wiebusch, Musik: Reimer Ustorff, Erik Langer, Frank Tirado Rosales, Lars Wiebusch, Marcus Wiebusch
(Kettcar Edition, CD Kettcar »Von Spatzen und Tauben, Dächern und Händen«, Grand Hotel van Cleef, 2005)

DIE TÄNZERIN (Ausschnitte)
Text: Ulla Meinecke, Musik: Edo Zanki, Vilo Zanki
(Fanfare MV, LP Ulla Meinecke »Wenn schon nicht für immer, dann wenigstens für ewig«, Ariola, 1983)

DU ERINNERST MICH AN LIEBE (Ausschnitte)
Text und Musik: Annette Humpe
(Ambulanz Edition, CD Ich + Ich »Ich + Ich«, Polydor 2005)

DU TRÄGST KEINE LIEBE IN DIR (Ausschnitte)
Text und Musik: Michel van Dyke
(Laughing Horse, CD Echt »Freischwimmer«, Motor, 2000)

EIGENTLICH NEIN (Ausschnitte)
Text und Musik: Heinz Rudolf Kunze
(Weltverbesserer MV/Edition Intro, CD »Kunze macht Musik«, WEA, 1994)

EVELIN (S. 152)
Text und Musik: Niels Frevert
(© SMV Schacht Musikverlage, Hamburg, CD Nationalgalerie »Indiana«, Dragnet/Sony, 1993)

FLUGZEUGE IM BAUCH (Ausschnitte)
Text und Musik: Herbert Grönemeyer
(Grönland-MV, LP »4630 Bochum«, EMI, 1984)

FÜR IMMER UND DICH (Ausschnitt)
Text und Musik: Rio Reiser
(Georg Glück Musik/Sony, CD »Rio 1.«, Columbia, 1986)

GEILE ZEIT (Ausschnitt)
Text: Simon Triebel, Musik: Jonas Pfetzing, Simon Triebel
(EMI Music Publishing, CD Juli »Es ist Juli«, Island, 2004)

GRIECHISCHER WEIN (S. 75)
Text: Michael Kunze, Musik: Udo Jürgens
(© Montana Musikverlag, München, Single »Griechischer Wein«, Ariola, 1975)

GUTEN TAG (DIE REKLAMATION) (S. 25)
Text: Judith Holfelder, Musik: Jens Michael Eckhoff, Judith Holfelder, Sebastian Roy
(© Freudenhaus Musikverlag, Partitur Musikverlag GbR / Wintrup Musikverlag Detmold, CD Wir sind Helden »Die Reklamation«, Labels/EMI 2003)

HALLO (S. 169)
Text und Musik: Masen Abou-Dakn
(CD Masen »Ich gucke nur, wenn du nicht guckst …«, JSP, 2001)

ICH GUCKE NUR, WENN DU NICHT GUCKST UND HOFFE, DASS DU'S SIEHST (S. 45)
Text und Musik: Masen Abou-Dakn
(CD Masen »Ich gucke nur, wenn du nicht guckst …«, JSP, 2001)

IMMER NOCH (S. 149)
Text und Musik: Masen Abou-Dakn
(CD Masen »Ich gucke nur, wenn du nicht guckst …«, JSP, 2001)

LANGSAM TANZEN (Ausschnitt)
Text und Musik: Masen Abou-Dakn, Alex Wende
(Manuskript, CD Masen »Auf ein Wort«)

LOCH IM TAG (S. 41)
Text und Musik: Jovanka von Willsdorf
(© Maobeat Musikverlag / Arabella Musikverlag [BMG Music Publishing Germany, München], CD Quarks »Zuhause«, Monika, 1999)

MÜSSEN NUR WOLL'N (Ausschnitt)
Text: Judith Holfelder, Musik: Jens Michael Eckhoff, Judith Holfelder, Sebastian Roy
(Freudenhaus, Partitur Wintrup MV, CD Wir sind Helden »Die Reklamation«, Labels/EMI 2003)

NIE MEHR ALLEIN
Text und Musik: Masen Abou-Dakn
(Manuskript, CD Masen »Ich gucke nur, wenn du nicht guckst ...«, JSP, 2001)

POLYESTERLIEBE (Ausschnitte)
Text und Musik: Udo Lindenberg
(Polygram Songs MV/Universal Music Publishing, CD »Radio Eriwahn«, 1985)

REEPERBAHN (Ausschnitte)
Text und Musik: Udo Lindenberg
(Polygram Songs/Universal Music Publishing, CD »Bunte Republik Deutschland«, Polydor, 1989)

SAG MIR, WAS MEINST DU (Ausschnitte)
Text und Musik: Britta Blum, Kerima Holm, Peter Jan Ledin, Peter Moden, Carl Yngve Sahlin, Vincent Vero, Bjoern Wiese
(Multiplay Music Limited, CD Yvonne Catterfeld »Unterwegs«, Hansa, 2005)

SCHREI NACH LIEBE (Ausschnitte)
Text und Musik: Dirk Felsenheimer und Farin Urlaub
(Brause Beat Edition, CD Die Ärzte »Die Bestie in Menschengestalt«, Metronom, 1993)

SIE IST WEG (Ausschnitte)
Text und Musik: Michael DJ Beck, Thomas Dürr, Andreas Rieke, Michael B. Schmidt
(Edition Vierte Dimension/EMI, CD Die Fantastischen Vier »Lauschgift«, Columbia/Sony, 1995)

SIE WOLLEN UNS ERZÄHLEN (Ausschnitt)
Text und Musik: Dirk von Lowtzow, Jan Klaas Nüller, Arne Zank
(Gold MV/Hanseatic MV, CD Tocotronic »Es ist egal, aber«, Universal, 1997)

STATUS: QUO VADIS (S. 113)
Text und Musik: Jochen Distelmeyer
(© Ed.Umfeld/Hanseatic Musikverlag, Hamburg, CD Blumfeld »Old Nobody«, ZickZack/Big Cat, 1999)

STRASSE (S. 130)
Text und Musik: Rio Reiser
(© G G Musikverlag, Berlin, CD »Himmel & Hölle«, Columbia/Sony, 1995)

SYMPHONIE (Ausschnitte)
Text und Musik: Stefanie Kloss, Andreas Jan Nowak, Johannes Stolle, Thomas Stolle
(Arabella MV/EMI Songs MV/Valicon Songs, CD Silbermond »Verschwende deine Zeit«, 2005)

TAGE WIE DIESER (S. 63)
Text und Musik: Bernie Conrads
(© 1977 Trendmusic-Production-Vrerlag, CD »Bernies Autobahn Band«, Nature, 1977; CD Stoppok »Happy End im La-La-Land«, Chlodwig/BMG, 1993)

TAUSEND TRÄNEN TIEF (Ausschnitte)
Text und Komposition: Jochen Distelmeyer, Musik: Blumfeld
(Ed.Umfeld/Hanseatic, CD Blumfeld »Old Nobody«, ZickZack/Big Cat, 1999)

ÜBER DEN WOLKEN (S. 23)
Text und Musik: Reinhard Mey
(© Chanson Edition Reinhard Mey Christine Mey, LP »Wie vor Jahr und Tag«, 1974)

ÜBERHAUPT NICHTS MEHR (S. 65)
Text und Musik: Masen Abou-Dakn

UND WENN EIN LIED (Ausschnitt)
Text: Xavier Naidoo, Musik: Michael Herberger und Xavier Naidoo
(Hanseatic MV, CD Söhne Mannheims »Noiz«, 2005)

VOLLMOND (Ausschnitte)
Text und Musik: Herbert Grönemeyer
(Grönland MV, CD »Ö«, EMI, 1988)

WAS HAT DICH BLOSS SO RUINIERT (S. 72)
Text und Musik: Julius Block, Christoph Leich, Frank Spiller, Frank Will
(Gold MV, CD: Die Sterne »Posen«, Epic/Sony, 1996)

WAS SOLL DAS (Ausschnitte)
Text und Musik: Herbert Grönemeyer
(Grönland MV/Kick MV, CD »Ö«, EMI, 1998)

WECK MICH AUF (Ausschnitt)
Deutscher Text: Samy Deluxe
Text und Musik: Richard Les Holroyd
(EMI Music Publishing, CD »Samy Deluxe«, EMI, 2001)

WEISSES PAPIER (S. 139)
Text: Sven Regener, Musik: Eckard Fietze-Fischer, Jakob Friderichs, Richard Pappik, Sven Regener
(© Roof Music/Music–Edition Discoton [BMG Music Publishing Germany, München], CD Element of Crime, »Weißes Papier«, Polydor, 1993)

WENN DAS LIEBE IST (Ausschnitt)
Text: Moses Pelham, Musik: Martin Haas und Moses Pelham
(Antenna Musik/Steineschmeissendes Glashaus, CD »Glashaus«, 3p, 2001)

WENN DU MICH DANN LIEBST (S. 120)
Text und Musik: Bernd Begemann
(© 1994 Wintrup Musikverlag, Detmold, CD Bernd Begemann »Solange die Rasenmäher noch singen«, Othenburg Records, 1994)

WIE TIEF KANN MAN SEHEN (S. 116)
Text und Musik: Danny Dziuk und Stefan Stoppok
(© Musikedition Chlodwig/Arabella Musikverlag [BMG Music Publishing Germany, München],, CD Stoppok »Happy End im La-La-Land«, Chlodwig/BMG, 1993; www.stoppok.de, www.dzinks-kueche.de)

ZEHN KLEINE JÄGERMEISTER (Ausschnitt)
Text: Andreas Frege, Hanns Christian Müller, Musik: DP, Wolfgang Rohde
(DTH Edition/HNKAKBSM, CD Die Toten Hosen »Opium fürs Volk«, jkp, 1996)